LIBÉRATE,
MUJER

LIBÉRATE, MUJER

Cómo
alcanzar,
conservar
y utilizar
el poder
que mereces

Yasmin Davidds

Traducido por Dolores Prida

ATRIA BOOKS

NEW YORK   LONDON   TORONTO   SYDNEY

ATRIA BOOKS

ATRIA BOOKS
1230 Avenue of the Americas
New York, NY 10020

Library of Congress Cataloging-in-Publication Data

ISBN-13: 978-0-7432-8509-4
ISBN-10:   0-7432-8509-3

Primera edición en rústica de Atria Books, julio de 2006

10   9   8   7   6   5   4   3   2   1

ATRIA BOOKS es un sello editorial registrado de Simon & Schuster, Inc.

Impreso en los Estados Unidos de América

Para obtener información respecto a descuentos especiales en ventas al por mayor, dirí-
jase a *Simon & Schuster Special Sales* al 1-800-456-6798 o a la siguiente dirección elec-
trónica: business@simonandschuster.com.

Dedico este libro a

Las mujeres poderosas de mi familia
  Mi querida mami, por su amor sin condiciones; mi
  bella hermana Judy, por ser una fuente inagotable de
  fuerza y apoyo; mi hermana del alma Karina, por
  protegerme desde más allá de las nubes; mi adorada
  hija, Divina, por su amor tan puro y precioso; a mi
  querida sobrina, Isabella, cuya presencia en este
  mundo ilumina el significado de la vida.

A mis hermanas espirituales
  Yvonne Lucas, Alexandria Olmos, Carrie López,
  Nancy Landa, Ruth Livier, Sylvia Martínez, Michelle
  Dulong y Xitlalt Herrera, cuyo constante amor me
  ha dado fuerza desmedida e innegable valor.

y
Al hombre que nos ha tenido que aguantar a todas
  Mi cuñado Michael Wright, por su devoción y
  protección.

¡Los amo con todo mi corazón!

Empoderamiento

Empowerment es una palabra que en realidad no tiene un equivalente exacto en español, pero aquí en Estados Unidos, como tantas otras cosas, la hemos latinizado. Sin embargo, el significado es el mismo:

1. La acción de otorgarse poder a sí misma
2. El proceso de facilitar o permitirse a sí misma el derecho a triunfar
3. La habilidad de controlar nuestro propio destino
4. La entereza de desarrollar nuestro potencial
5. La determinación de definir nuestras vidas en nuestros propios términos

Índice

Índice

POR QUÉ ESTE LIBRO

¿Quién necesita un libro más sobre mujeres empoderadas? Considera lo siguiente:

- Si debido a tu necesidad de recibir aprobación y lo que consideras «amor» permites que te falten el respeto, estás entregando tu poder.
- Si no vives tu verdad estás entregando tu poder.
- Si dejas que alguien te hable en forma despectiva y degradante, estás entregando tu poder.
- Si no te defiendes cuando sabes que debes hacerlo, estás entregando tu poder.
- Si bajas tu estándar para ser aceptada y querida, estás entregando tu poder.
- Si no expresas tu *yo* auténtico, estás entregando tu poder.
- Si no te alejas de situaciones que sabes son perjudiciales para ti, estás entregando tu poder.
- Si dices sí cuando quieres decir no, estás entregando tu poder.
- Si estás de acuerdo con personas que tú sabes que están equivocadas, estás entregando tu poder.
- Si te quedas callada cuando sabes que debes expresar tu opinión, estás entregando tu poder.
- Si te conviertes en aquello de lo que te hace sentir avergonzada, estás entregando tu poder.

- Si permites que influencias negativas invadan tu mente y consuman tu energía, estás entregando tu poder.
- Si haces algo en lo que no crees, estás entregando tu poder.
- Si vives tu vida de acuerdo a las reglas de la vida y no de acuerdo a tus reglas, estás entregando tu poder.

Si te identificas con algunas de estas cosas, este libro es para ti.

Dedico este libro a aquella mujer que se ha sentido acongojada, frustrada, sola, temerosa, insatisfecha, en peligro o agotada física y mentalmente. Sé cómo te sientes porque así me he sentido yo también. Pero también sé lo que es sentirse completamente satisfecha, consciente de sí misma, respetada, segura y poderosa debido a que he aprendido verdades profundas a lo largo del camino. Piénsalo. ¿Por quién vives la vida? ¿Qué fuerzas influyen en tus decisiones? ¿Cómo llegaste a ser la mujer que eres hoy? Si tus respuestas no apuntan hacia ti, eso significa que estás viviendo una versión de tu vida creada por otros. Las verdades que comparto en este libro serán invaluables para ti.

Este libro es sobre tu poder intrínseco, esa llama eterna que has alimentado o dejado apagar durante casi toda tu vida. Tu poder es tu fuerza de vida, y debes aprender a reconocerla y honrarla si quieres ser una mujer completa. ¿Recuerdas la chispa que daba ala a tus sueños cuando eras niña? ¿Aquel instinto natural que disipaba tus miedos y te daba la confianza de expresar tu *yo* verdadero? Si redescubres esa chispa y mantienes vivo el fuego que sale de ella, puedes reclamar tu poder y vivir tu vida bajo tus propias condiciones. No hay razón para que tus deseos y objetivos estén fuera de tu alcance porque, a fin de cuentas, *tú* tienes la llave de tu futuro. Tú puedes decidir mantener vivo tu fuego o dejar que otros lo conviertan en una mera llamita que sólo perpetuará los obstáculos que no te dejan avanzar.

Si quieres tener control de tu vida, tienes que aprender a tomar tus propias decisiones. Si quieres tener la habilidad de llevar tu propósito al mundo, primero tienes que comprometerte a reclamar y proteger tu fuerza de vida, que es lo que te da poder. Las mujeres que son dueñas de su poder son bellas perdedoras en el sentido que han perdido su miedo a la vergüenza, el bochorno y la crítica. Ellas se han librado de inhibiciones innecesarias y de la preocupación del qué dirán; han decidido tomar riesgos que han considerado cuidadosamente porque no tienen más remedio que seguir los dictados de su voz interior.

Todas las mujeres sueñan con encontrar éxito y felicidad. Yo estoy aquí para decirte que todo es posible, aunque estés al borde de darte por vencida. Aquellas mujeres que han logrado hacer cambios positivos en sus vidas han tenido que luchar para hacerlos realidad. Lo sé por experiencia. Al analizar las vidas, la mentalidad y los hábitos de mujeres poderosas, me he dado cuenta de lo parecidas que somos todas. Cada mujer tiene una historia única, a pesar de que ha menudo nos enseñan que debemos mantener nuestras ideas y opiniones calladas. Si logras liberarte de los mensajes culturales negativos y verte a ti misma desde otra perspectiva, no habrá quien te detenga. Cuando analizas tu pasado y las influencias que han afectado tu desarrollo, puedes aprender a romper los patrones que ponen freno a desarrollar tu verdadero potencial. En lo profundo de tu alma hay un diamante sin pulir; aprende a frotarlo para que brille como la piedra preciosa que es en realidad. Una vez que reconozcas el impacto de tu subconsciente, lograrás utilizar tu poder en el contexto de intuición, fe, valor y respeto propio para convertirte en la libretista y directora de la historia de tu vida. Cuando tenemos la oportunidad de aprender sobre nosotras mismas, logramos enchufarnos a nuestro poder, alcanzar nuestros sueños y dejar un legado a las generaciones futuras.

A todas las mujeres hambrientas de valor e inspiración, digo lo siguiente: necesitamos compartir unas con las otras nuestras penas, alegrías y retos. Tenemos que dejar de sentirnos abochornadas por nuestras experiencias, no importa cuán terrible puedan parecernos, y debemos dejar de juzgar. Necesitamos luchar por descubrir cómo exigir respeto: de nuestras familias, de nuestros cónyuges, de nuestra comunidad y de nuestros colegas. Es al expresarnos, al tener en cuenta, al abrir los ojos, el corazón y la mente que podemos controlar nuestros destinos. Pero, como todo en la vida, esa es una decisión que solamente tú puedes tomar. Prepárate para emprender un viaje en el que te encontrarás a ti misma y aprenderás a amarte, un viaje en el que descubrirás que puedes profetizar y hacer tus sueños realidad. ¡Adelante, mujer!

1
ÉSTA ES MI VIDA

Siempre que me preguntan, me describo como una latina poderosa, una mujer que sabe que puede proveerse a sí misma económica, emocional y espiritualmente. Me siento orgullosa no sólo de quien soy, sino también del *proceso* que me llevó a convertirme en quien soy.

Como mujer de negocios, profesional, educadora, miembro de numerosas juntas de organizaciones de la comunidad y madre, es posible que no parezca una persona que ha pasado por una tragedia tras otra. Si me llegaras a conocer en persona, no adivinarías que durante mi niñez y adolescencia, la vida me golpeó duramente. Pero nada en el mundo me puede doblegar, porque a pesar de los obstáculos nunca he dejado morir mi alma.

Ha habido momentos en que he caído en la trampa de entregar mi poder a otras personas o situaciones, principalmente porque mi padre y mi cultura me «entrenaron» a hacerlo. No sabía que podía actuar de otro modo y no tenía ciertos recursos que me ayudaran a encontrar un método mejor para entender quién yo era. Ahora he aprendido a protegerme y —lo más importante de todo— por qué es absolutamente necesario que me ocupe de mí misma antes que nada.

Quiero compartir contigo algunos aspectos de mi vida, ejemplos de cómo me crié, de cómo entregué mi poder y cómo lo recuperé. El resto de este libro es sobre ti. Espero que la historia de cómo sobreviví y triunfé te ayude a encontrar la fuerza que llevas dentro y que necesitas para recuperar tu poder y tomar control del resto de tu vida.

El sueño americano hecho realidad

Al principio, la relación de mis padres fue como una novela romántica. Ellos se conocieron en el aeropuerto en Ciudad de México, a donde mi madre había ido de vacaciones desde su Chihuahua natal. Mi padre, que vivía en Quito, Ecuador, era un guapísimo piloto de una línea aérea comercial. Pero después de ese breve encuentro, ellos no se vieron de nuevo hasta el día en que se casaron cuatro años más tarde. Durante esos años se escribían constantemente, con una que otra conversación telefónica de vez en cuando. Bajo presión de la familia, mi madre se comprometió con un médico en Chihuahua, pero el día antes de la boda se escapó a Quito y allí se casó con mi padre.

Un año más tarde decidieron abandonar el Ecuador en busca de mejores oportunidades para sí mismos y para sus futuros hijos. Llegaron a Los Ángeles en 1969 con un total de $200 en sus bolsillos, pero con una fuerte determinación de ver sus sueños hechos realidad. Sin saber una palabra de inglés, comenzaron a trabajar en fábricas en una época en que el Sueño Americano estaba al alcance de cualquiera que estuviera dispuesto a trabajar duro, tuviera educación o no. Mi padre ganaba $20 a la semana en una maderera; mi madre, $15 en una fábrica de platos plásticos.

Cuando mi madre estaba en su octavo mes de embarazo con su primera hija, mi padre se enteró de que a ella no le permitían sentarse en su trabajo. Para tomar unos minutos de descanso, mamá fingía tener que ir al servicio, pero a los empleados solamente les permitían un máximo de cuatro minutos para hacer sus necesidades. Mi padre se enfureció y decidió que él y su familia jamás trabajarían para otra persona. Juró que más nunca nadie le faltaría el respeto.

En 1970 comenzaron sus aventuras en el mundo de los negocios. Con $700 que habían ahorrado, mi padre fue a un almacén al por mayor y compró varios estéreos y radios. Ese fin de semana se llevó una manta de casa para poner la mercancía y se puso en la línea de vendedores en el mercado de Azusa. Su primer día ganó $35 y fue el hombre más feliz del mundo. Por un tiempo, continúo trabajando en la maderera durante la semana, y vendiendo estéreos en el mercado los fines de semana. Poco después de mi nacimiento en 1971, mi padre abrió su primer negocio, una tienda de discos llamada Discoteca Latina. En un periodo de cinco años, estableció una tienda de efectos electrónicos e invirtió dinero en varias otras empresas.

Para 1977 mi padre era millonario. En menos de una década pasó de ser pobre y vulnerable a rico y poderoso. Tenía todo lo que alguien podría desear, incluyendo una esposa fiel y dedicada y tres bellas hijas.

Como le ocurre a muchas hijas, mi padre manejaba mi vida. Él era el rey en su palacio y tenía razón de sentirse orgulloso de los resultados de sus esfuerzos. Mi padre insistió en que sus hijas recibieran una buena educación y nos envió a escuelas católicas muy estrictas. Él esperaba que sobresaliéramos, y así lo hicimos. Nunca lo desobedecimos, ya que papá era muy estricto y usaba tanto las palabras como los puños para imponer su voluntad: igual que lo había hecho su padre. Recibimos lecciones de patinaje sobre hielo, baile *tap,* ballet y piano. Teníamos tantas actividades que mi hermana mayor desarrolló úlceras estomacales debido al estrés de tanta presión para sobresalir. Aunque a veces la situación daba miedo, yo me las arreglé para sobrellevar todo aquello, simplemente porque pensaba que nuestro estilo de vida era normal, y todos a nuestro alrededor lo confirmaban.

Disfrutábamos (si es que se le puede llamar así) de lujos y cosas extravagantes que nos daba un hombre que un día nos llenaba de ilusiones y al otro nos destruía. Vivíamos bajo su control total (excepto las veces en que mamá nos protegía) y la misión que encomendó a sus hijas era que fueran respetadas y respetables. Ya que él nos había creado, él sentía que era nuestro dueño. Trataba de protegernos de las disfunciones del mundo, pero él cultivaba la disfunción en nuestro hogar con sus arrebatos de furia y su alcoholismo, combinado con regalos costosos, todo detrás de la fachada de un maravilloso padre de familia. Me enorgullecía ser la hija de mi padre, ya que me sentía protegida, pero de lo que no me daba cuenta era de que mi protector también era mi verdugo. No entendía que algunas veces nuestras influencias más importantes son también las que más nos oprimen; esa es la razón por la que no debemos depender totalmente de una persona para ayudar a definirnos a nosotras mismas.

Mi madre era la esposa perfecta (o lo que los latinos machistas consideran que es la perfección), lo cual significa, por un lado, que estuviera encerrada en la casa, mientras que él tenía amantes por todo el país. Tenía numerosos hijos ilegítimos con una variedad de mujeres, y constantemente nos negaba su existencia. Nosotras éramos las escogidas. Mi padre se sentía orgulloso de nosotras, su familia legítima. Era obvio que él intimidaba a esas otras mujeres, ya que jamás recibimos una llamada telefónica a medianoche de ninguna mujer desesperada en otro estado. De cierta manera, siempre supe que mi padre tenía otras mujeres, pero nunca me atreví a cuestionarlo por temor a lo que podía hacerme por faltarle el respeto. Mi padre tenía un concepto del respeto muy tergiversado. Recuerdo que mi abuela materna le decía a mi madre: «Déjalo, es un hombre, y los hombres son de la calle. Después de todo, a ti no te falta nada». Esa fue mi primera impresión del matrimonio.

Una vez que llegamos a cierta edad, a nosotras sólo se nos permitía hablar con otras niñas, y se nos castigaba si nos veían cerca de los varones. Papá creía que todos los hombres buscaban una sola cosa, y que ninguno iba a obtenerlo de sus hijas. Él nos prometía —y cumplía— darnos la mejor recompensa de cualquier cosa material que deseáramos para que ningún hombre nos pudiera deslumbrar con su dinero. Irónicamente, él era un hombre que atraía a las mujeres con su dinero, poder y posición social. No lo comprendí entonces, pero ahora me doy cuenta de que mi padre sabía lo que hacía. Nos estaba preparando para hombres como él. Él entendía que el dinero y el poder atraen a las mujeres. Él creía que algunas mujeres sólo buscan la salida fácil. Yo acepté mi recompensa y me comporté como una buena y fiel hija.

Una familia destrozada

Cuando tenía catorce años de edad, todo cambió. Nuestro mundo se derrumbó, y durante los siguientes años, todo lo que aprendí y creí, todo lo que sabía acerca de mi familia —responsabilidad, lealtad y honestidad— quedó patitas para arriba.

Cuando estaba en segundo año de secundaria, mi hermana Judy, entonces de dieciséis años de edad, estaba en el tercero. Un día, luego de haber sido víctima de abuso sexual de parte de nuestro padre, ella lo reportó a las autoridades escolares. Inmediatamente enviaron una trabajadora social a nuestra casa y mi padre tuvo que mudarse.

La supuesta familia ideal dejó de existir.

Después de que mis padres se separaron oficialmente, papá nos advirtió que a pesar de que ya no vivía con nosotros, continuaría mandando en nuestras vidas. Y durante los próximos diez años así fue. Yo tomaba clases en San Diego State University cuando Judy, que entonces tenía veintidós años, me llamó por teléfono una noche. Furioso por lo que percibía como una amenaza a su autoridad, nuestro padre se había enfrentado al novio de Judy, Conrad, y lo había amenazado.

A pesar de que ella estaba acostumbrada a temer la furia de mi padre, esa vez se permitió a sí misma expresar su rabia. Estaba harta de tanta violencia. Mi padre era un tirano cuando se trataba de nuestra vida social con el sexo opuesto. Repartiendo amenazas, dirigidas tanto a cualquier pretendiente potencial como a nosotras, él lo racionalizaba al afirmar, una y otra vez, que sólo trataba de protegernos. Sin su consentimiento, pero con el de nuestra madre, pudimos conocer y salir con muchachos, y pensábamos honestamente que en un futuro, él se daría cuenta de que estábamos creciendo y que dejaría de controlarnos.

En lugar de eso, se desquitó con nosotras después del incidente con Conrad, optando por ignorar a la familia. Ni siquiera contestaba nuestras llamadas telefónicas. Mi madre y yo no entendíamos por qué él rehusaba hablarnos, ya que el problema era entre él y Judy. Estábamos en un error.

Yo traté de contactarlo diariamente, pero sus empleados habían recibido instrucciones de decirnos que él no tenía nada que hablar con nosotras. Hasta mi hermana menor, Karina de sólo doce años de edad, trató de llamarlo, solamente para recibir una gran desilusión cuando se negó a hablar con ella. Nos clavó el puñal más hondo cuando de un día para otro dejó por completo de proveer a su familia económicamente. Siempre dependimos de él y sus acciones abruptas dejaron a mi familia en un estado de caos emocional y financiero. Nos vimos amenazadas con perder nuestra casa, nuestros automóviles y nuestra dignidad de un solo golpe.

Durante las siguientes tres semanas, mi madre estuvo hospitalizada después de sufrir una crisis nerviosa, y Karina recibió una notificación de la escuela privada a la que asistía, que a menos de que la matrícula fuera pagada, ella no podría regresar. Judy, la única con un ingreso fijo, dio todo su sueldo para tratar de salvar nuestro hogar. Mi trabajo de medio tiempo me proveía dinero para mi comida y otros gastos, pero no para mi alquiler o la matrícula de la universidad. Nuestra situación parecía no tener ninguna esperanza de solucionarse. Pero según pasó el tiempo logramos reunir lo que nos quedaba de fuerza emocional y en un milagro espiritual, decidimos defendernos. El contrato que mis padres hicieron cuando se separaron manifestaba que si, en cualquier momento, mi padre dejaba de proveer económicamente a la familia, sus negocios serían transferidos automáticamente a mi madre. Sabíamos que papá estaba violando la ley y Judy sabía que era indispensable que contratáramos a un abogado para llevar nuestro caso a los tribunales, una misión difícil cuando no se cuenta con dinero. Finalmente, encontramos a un abogado que estaba dispuesto a aceptar el caso, con la condición de que sus honorarios fueran pagados inmediatamente después de la venta de nuestra casa.

El día de Nochebuena de 1991, uno de los días más difíciles de nuestras vidas, tomamos acción legal en contra de la persona con la que siempre habíamos contado, en la que siempre habíamos confiado que nos protegería y, aunque a veces difícil, siempre habíamos amado. Jamás pensamos que tendríamos la valentía de tomar esa acción, pero con nuestra supervivencia en juego, no teníamos otra opción. De las tres hermanas, el juez pidió que solamente Judy testificara. Entró derecho al banquillo de los testigos, enfocándose en el rostro de mamá, sin mirar a papá, y contestó preguntas relacionadas con la carga inesperada de convertirse en la persona responsable de mantener a la familia. Cuando papá testificó, Judy se atrevió a mirarlo a los ojos y una tristeza enorme se apoderó de ella. Él había permitido que su orgullo y machismo llevaran las cosas a este punto.

Cuando mamá salió de la corte y temblando nos dijo que el juez había fallado a nuestro favor, nos alegramos mucho. Se nos otorgó de manera temporal el 70 por ciento de los negocios familiares, hasta una audiencia próxima. A papá le dieron dos horas el 24 de diciembre y dos horas el 25 de diciembre para retirar sus pertenencias personales de los negocios que nos fueron adjudicados.

Pasamos la Nochebuena en la tienda principal para proteger la mercancía que allí quedaba. Conrad, el novio de Judy, y Joe, el mío, estaban allí para darnos apoyo físico y moral. Temíamos que mi padre regresara a tomar venganza. Nos había amenazado tantas veces hasta llegar a jurar matarnos si lo contrariábamos; llevarlo a la corte iba más allá de la contrariedad. A la mañana siguiente, el día de Navidad, papá llegó con su amante e hijos ilegítimos a recoger sus pertenencias. No es de sorprender que debido a la alta tensión del momento, estallara la violencia entre mi padre y el novio de Judy, y se golpearan brutalmente en el callejón. Repentinamente, el socio de mi padre apareció con una pistola y para proteger a mi padre, disparó en nuestra dirección. Salté para cubrir a Karina y corrimos hacia el interior de la tienda, donde Joe, enfurecido, tomó la pistola de la tienda y salió en busca de papá y su socio.

Un poco después, un helicóptero de la policía comenzó a volar en círculos sobre la escena, y una unidad de crimen hizo aparición. Seis calles fueron cerradas mientras buscaban a papá. Al cabo de una hora, lo encontraron escondido detrás de una casa y fue arrestado. Mientras esperaba a que el policía abriera la puerta del automóvil, dirigió su mirada hacia nosotras, la familia que había creado, con nada menos que odio en sus ojos. Aunque estábamos rodeadas de cincuenta policías, nos sentíamos aterrorizadas, seguras de que explotaría y que en cuanto tuviera la menor oportunidad, nos mataría. Teníamos que prepararnos para defendernos.

La corte acusó a mi padre por haber sido accesorio en un atentado de asesinato, pero después retiró la acusación debido a falta de evidencia. Después de ser puesto en libertad, papá hizo que la policía lo dejara frente a nuestra tienda. Quería que le viéramos y que supiera que no habíamos ganado.

Milagro en el fondo del abismo

Desde el día en que papá renegó de nosotras, hasta enero de 1992, estuve en un estado de aturdimiento. Necesitaba ser fuerte, no sólo por mí sino principalmente por la protección emocional y física de mi familia. Había sobrevivido tres meses de tortura, y pensé que estaba lista para comenzar de nuevo mi vida. Desdichadamente estaba equivocada. Todavía tenía que sobreponerme a incontables dificultades.

Un día de febrero, desperté temprano para ir a clases, pero cuando traté de levantarme de mi cama, mi cuerpo no respondió. No tenía la menor fuerza física. Traté de levantar mi cabeza y me dolía. Traté de levantar mi pierna y sentí dolor. Comencé a levantar mi brazo, pero lo sentí tan pesado que volvió a caer sobre la cama. Me quedé quieta y asustada. Usé lo que me quedaba de energía para sentarme, mientras que un sentimiento de desesperación me invadía. Quería gritar y pedir auxilio, pero ¿a quién llamaría? Sabía que no estaba paralizada; mis músculos respondían un poco si los forzaba a moverse.

Me tomó tres horas salir de casa ese día cuando usualmente me tomaba treinta minutos. Lloré de frustración y dolor. Los días siguientes fueron terribles. Me arrastraba para levantarme de mi cama en la mañana y lloraba en la ducha. Lloraba por el dolor, lloraba porque en el único momento que no sentía dolor era cuando dormía. Unos días después, la ansiedad y el pánico se apoderaron de mí. Me sentía físicamente exhausta y tenía problemas para llegar a clase. No tenía interés en socializar con mis amigos ni en ir a fiestas ni otros eventos. Nadie podía entenderme, me decían: «¡Levántate! ¡Deja de ser holgazana!».

¡Holgazana! Ojalá fuera holgazana. Ni siquiera puedo caminar dentro de la universidad sin llorar porque mi cuerpo me duele. Decidí buscar ayuda y fui a consultar al psicólogo de la universidad. Le conté todo lo que había sucedido durante los últimos meses e inmediatamente me diagnosticó un desorden de estrés postraumático. Todo lo que había experimentado había afectado mi mente y mi cuerpo. El doctor me dijo que no había nada que yo pudiera hacer sino dejar que pasara, y que con el tiempo ese efecto desaparecería. Ojalá hubiera sabido en aquel entonces que debí haber visto a un médico mejor. Durante cinco meses viví en una agonía completa. Cuando estaba sola en mi apartamento, apagaba todas las luces, desconectaba el teléfono y lloraba por horas. No sabía por qué lloraba en realidad, pero recuerdo el dolor como si me estuvieran arrancando el corazón. Mis amigos empezaron a preocuparse por mí y me visitaban con la intención de animarme, pero yo no tenía ningún interés. Mi alma se había hecho pedazos y no podía encontrar la fuerza física o mental para recoger los pedazos y unirlos de nuevo. Con la llegada del verano, mi depresión se agudizó, lo cual comprometía mi condición como empleada en mi trabajo de verano. Necesitaba trabajar para sobrevivir económicamente, pero físicamente no podía funcionar normalmente.

Toda mi vida estuve en contra de las drogas. Mis amigos las usaban, pero sabían que no debían ofrecérmelas porque no las aceptaría. Pero el 3 de julio de 1992 (una fecha que nunca olvidaré), estaba acostada en mi cama, sintiendo que no podría aguantar un día más. Intenté consultar a varios doctores, pero sin seguro médico no podía pagar $60 por consulta, eso sin contar lo que costaban las medicinas. Aunque me sentía severamente deprimida, derrumbarme tampoco era una opción. Mi madre acababa de ser dada de alta del hospital y Judy tampoco aguantaba más y dejó su trabajo a causa de los problemas emocionales.

Karina, por su parte, necesitaba del cariño y atención maternales que su madre no podía darle.

Tenía dos opciones. Podía quedarme en la cama y esperar hasta morirme o podía hacer lo que fuera necesario para levantarme, ir al trabajo y funcionar como hermana, hija, empleada y estudiante. Me decidí por la segunda opción y decidí tomar metanfetaminas, también conocidas como *speed* (una droga estimulante), para medicarme a mí misma.

«¿Desde cuándo usas *speed?*», me preguntó mi amiga Michelle cuando le rogué que me llevara a la casa de una ex compañera de clase para hacer mi primera compra.

Fui inflexible: «No me preguntes, no me des consejos, no me regañes. Tengo que hacerlo. Por favor ven a recogerme y vamos juntas», dije.

Cuando llegamos a la casa, la mujer esparció una pequeña cantidad de polvo cristalino blanco sobre un espejo y lo alineó con una tarjeta de crédito. Miré la línea con desesperación y supe que tenía que hacerlo. Quería sobrevivir. Tome el popote y la aspiré por mi nariz; después de algunos segundos sentí algo increíble. Me sentí como que estaba saliendo de una neblina, como si hubiera recibido un tratamiento de choque. La droga *speed* me hizo sentir como si estuviera en la cima del mundo. Me sentí poderosa, llena de energía, lista para hacer cualquier cosa. Me había convencido de que consumiría *speed* sólo para sobrevivir estos tiempos difíciles. Lo que no supe en ese momento era que la droga casi destruiría mi vida. En poco tiempo me volví adicta. La tomaba en las mañanas, las tardes y las noches. La tomaba para ir a trabajar y la tomaba para mantenerme despierta toda la noche. Sabía que no era correcto, pero me proporcionaba una falsa sensación de que tenía control de mi vida y eso era exactamente lo que necesitaba.

Antes de que el sufrimiento de los últimos meses comenzara, había solicitado admisión a University of Southern California (USC). Un mes después de empezar a consumir la droga, recibí una carta de USC informándome que había sido aceptada a la universidad, junto con un paquete de ayuda financiera que consistía en becas y préstamos. No podía dejar pasar la oportunidad de estudiar en una de las universidades más prestigiosas del país. A pesar de saber que no estaba preparada emocionalmente para enfrentarme a ese reto, sabía que la educación sería mi salvación.

En septiembre de 1992, comencé mi nueva vida en USC. Solamente Judy y algunos amigos sabían que consumía *speed*. No me fue difícil ocultarlo, porque para el resto del mundo todo estaba normal. Todos los que sabían acerca de mi uso de drogas no tenían contacto con mis amigos en la universidad. Mi compañero de habitación, George, se había transferido conmigo de San Diego State University y habíamos sido amigos por muchos años. A pesar de nuestra cercanía, él no sospechaba que yo estaba usando drogas. Mi cuarto tenía conexión al baño, así que cada mañana era fácil para mí consumir la droga en privado para anestesiar mis sentimientos de inutilidad. Salía de mi cuarto, me encontraba con George en la puerta y caminábamos juntos a nuestra primera clase. Él sabía que yo había pasado por problemas familiares verdaderamente trágicos y me admiraba por mantenerme fuerte. Para él, yo era la misma Yasmin que él conocía de muchos años. Después de clases regresaba a mi cuarto a tomar más droga para mantener mi energía para estudiar y quedarme despierta hasta las tres o cuatro de la mañana, leyendo una y otra vez el mismo párrafo, y a veces olvidando lo que acababa de leer.

Después de algunos días, encontré un trabajo en la oficina de servicios profesionales de la universidad. Completamente ajena a mi propio dolor y desesperación, pude adaptarme a mi nueva universidad, mi trabajo y mi nueva vida. Sin embargo, a pesar de mi nuevo trabajo, mi sentido de auto valoración había sido completamente destruido. ¿Cómo había llegado a ser tan débil? ¿Cómo pudo una persona como yo, alguien a quien se le admiraba por su abstinencia todos estos años, llegar a depender de las drogas ilegales? Este poderoso sentido de vulnerabilidad era tan emocionalmente intolerable que no podía discutir mi uso de drogas con nadie, excepto con aquellos que ya lo sabían. Así que continué usando drogas a escondidas, y convenciéndome a mí misma que dejaría de usar la droga durante mis vacaciones de Navidad, cuando no tendría que ir a clase y podría dormir. Cuando llegó diciembre, fui a casa de mamá y estaba lista para descansar, dormir y hacer todo lo posible por dejar de usar *speed*.

Desde el 21 hasta el 24 de diciembre, dormí y dormí y dormí. Me consolaba la idea de que había superado los tiempos difíciles y que mi cuerpo y mente estarían listos para regresar a la normalidad. El 25 de diciembre, me desperté, segura de que había dormido lo suficiente y que me sentiría mejor. Qué equivocada estaba. Todos los sentimientos de inseguridad y desesperación que había experimentado antes de usar la droga regresaron con una intensidad feroz. Otra vez quedé completamente inmóvil. Me tomó menos de diez minutos tomar la decisión: corrí al baño y regresé a la droga. Esta vez fue diferente. Estaba asustada, reconocí sin duda alguna que ya no tenía control sobre la droga, que ahora la droga me controlaba. Quería dejar de usarla. Quería en verdad dejar de usarla, pero no podía, me había convertido en adicta.

En enero de 1993, regresé a la universidad en peor estado del que estaba anteriormente. Sentirme fuera de control sólo me hizo querer consumir más droga. Pensé que si tomaba más, me sentiría mejor. Pero fue todo lo contrario. Mientras más droga consumía, peor me sentía. Por más que intenté volver a sentirme fuerte, no pude. No sabía a dónde ir, no sabía a quién recurrir. Me sentía tan avergonzada. Me sentía falsa. ¿Era la persona fuerte y poderosa que podía lidiar con todo? ¿O era una debilucha que ni siquiera podía levantarse por las mañanas por temor a enfrentarse con el día?

Para marzo, estaba a menudo tan enferma que no podía ir a trabajar y estaba faltando a más y más clases. Semanas después, entré a la oficina y le informé a mi jefe que tenía que dejar el empleo. Tomé unas joyas que mi padre me había regalado y las empeñé por $600. Pensé que este dinero me serviría como substituto de mi trabajo hasta el final del semestre.

Cuando el final del semestre se acercaba, yo no podía más que llorar. Llorar de desesperación, llorar de depresión, llorar porque mi vida era peor de lo que había sido antes. Cuando llegó la hora de los exámenes finales, no podía ir a clase sin romper a llorar. El día de mi examen final de contabilidad, estaba tan deprimida y débil físicamente que ni siquiera fui al examen. Al día siguiente fui a ver a mi profesor, me echó una mirada y me dijo que no me preocupara, que no me iba a hacer presentar el examen final, que me daría una calificación basada en el trabajo que ya había hecho. Claro que él no sabía que yo había destruido mi vida con *speed*. Nada más con mirarme supo que algo terrible me estaba ocurriendo.

Entre enero y junio de 1994, desesperadamente busqué

ayuda profesional en secreto. Pero a menos que tuviera seguro médico, no podía obtener más que una sesión de consejería gratuita. Antes de eso, nunca me imaginé lo que una persona pobre sin seguro médico tiene que atravesar. Pedía ayuda a gritos y nadie me escuchaba. «¿No se dan cuenta?», les rogaba. «Necesito ayuda. No estoy pidiendo ayuda gratuita. Les pagaré en cuanto me gradúe. Me faltan solamente dieciocho meses para graduarme de USC con un título en negocios y empezaré a pagarles con mi primer sueldo».

«Lo siento», me contestaron. «No tenemos ningún programa de préstamos. La única manera de ingresar a rehabilitación es a través de un seguro médico privado o el programa estatal *Medical*». Nunca se me había ocurrido *Medical*. Quedaba una esperanza después de todo. Iría a las oficinas estatales y pediría ayuda temporal con el seguro médico. ¿Cómo le negarían ayuda a alguien en mi posición? Me presenté al Centro de Servicios Sociales del Condado de Los Ángeles y llené lo que me parecieron docenas de formularios. Estuve sentada ahí todo el día esperando que me llamaran. Finalmente, después de seis horas de espera, me llamaron.

«¿Está embarazada?», me preguntó la empleada.

«No, no», dije.

«¿Es menor de dieciocho años?».

«No».

«Entonces no hay nada que podamos hacer por usted».

Me quedé atónita. «Pero, soy estudiante y necesito ayuda desesperadamente. ¿No hay alguna manera en que el estado pueda ayudarme?».

«Solamente si está embarazada o es menor de edad», dijo la empleada y me volvió la espalda. Siempre pensé que lo correcto era ir a la universidad en vez de quedar embarazada, pero en mi caso, hubiera sido más beneficioso si hubiera dado «un mal paso».

El mes de mayo estaba por terminar y mi depresión era cada día más profunda. Recuerdo que viendo el programa de Oprah pensé escribirle una carta. La admiraba y respetaba por ser una sobreviviente. Me identificaba con ella y me confortaba. Cuando ella hablaba sobre su vida, yo sentía su dolor, y en lo profundo de mi alma creí que todavía me quedaba una esperanza de sobrevivir, y que además, algún día llegaría a ser la mujer exitosa que siempre quise ser. Pero en uno de mis frecuentes momentos de cinismo y desesperanza, lo pensé dos veces y decidí no escribir la carta. Probablemente Oprah recibiría miles de cartas de gente pidiendo ayuda. ¿Qué hacía mi situación diferente?

Hacia el final del semestre las drogas se habían apoderado de mi sistema inmunológico, y ahora tomaba tres veces más hasta para hacer las cosas más normales, como empacar y dejar el apartamento. La situación con mi familia había empeorado. Habíamos perdido nuestra casa y teníamos tan sólo unas semanas para encontrar dónde vivir.

Debido a que yo seguí manteniendo grandes expectativas en cuanto a mi futuro, yo había solicitado una pasantía en la corporación McDonald's y me la habían otorgado. Debía comenzar mi entrenamiento corporativo durante la primera semana de junio. La noche antes de mi primer día de trabajo no podía dormir. Estaba nerviosa de que no podría funcionar normalmente en el trabajo, y aterrada de que alguien en la administración pudiera darse cuenta de que yo usaba drogas.

Toda la noche esperé a que el reloj marcara las 5:00 A.M., para poder levantarme y arreglarme. Sentía mucho pánico de no despertar a tiempo y llegar tarde a mi primer día, así que no dormí nada. A las 6:30 A.M. comencé a manejar en la autopista 101 rumbo a Hollywood. La falta de sueño y mis episodios maniacos habían llegado a lo máximo. Le rogué a Dios que me permitiera morir: «Permite que mi carro no funcione y se accidente. No sé que hacer. Ya no puedo más». No tenía el valor de suicidarme, pero estaba diciendo a Dios que prefería morir que continuar viviendo en esta agonía.

Había tocado fondo. Ya no cabía la posibilidad de sobreponerme a nada. Ya no valía la pena vivir. Estaba completamente agotada, física, emocional y espiritualmente.

No sé si por la gracia de Dios o por mi propio deseo de sobrevivir, me salí de la autopista. Unos metros adelante había un teléfono público. En un estado de semi-inconsciencia, salí de mi automóvil, temblando. No tenía idea de lo que hacía, salí y caminé hacia el teléfono. Lo primero que vi fue una etiqueta con el número de una línea de consejería de suicidios pegada al teléfono. Apenas era visible, cubierto con garabatos y adornado con chicles y otras sustancias pegajosas. Lo marqué. «Desconectado», dijo la grabación. Dios mío ayúdame, Dios mío ayúdame, Dios ayúdame: lo repetí como una invocación, una y otra vez. Busqué en mi cartera y encontré el número de teléfono de la clínica de rehabilitación. Me hicieron esperar veinte minutos mientras veía los automóviles pasar, llenos de personas que tenían una vida, una esperanza, un plan. Esos veinte minutos me parecieron veinte horas. Aturdida, volví a mi cartera, buscando entre tarjetas de presentación y números escritos en pedazos de papel, los lugares que me habían rechazado una y otra vez. Al cabo de un rato de búsqueda entre mis inservibles números de las personas a quienes supuestamente podía recurrir, encontré el número de Laura, una terapeuta con quien había hablado por teléfono en la Clínica de Mujeres de Beverly Hills. Como los demás, había tomado sus palabras de aliento con cinismo, después de haber sido rechazada tantas veces. Extrañamente, recordé que me había dado el número de teléfono de su casa, aunque eso iba en contra de las reglas. Eran las 6:55 A.M. cuando la llamé.

«¿Quién es?», contestó.

«Es Yasmin», dije, temblando y sintiéndome como que cualquier cosa que dijera sonaría como una jerigonza. «Hablé con usted por teléfono hace algún tiempo. Usted me dio su número en caso de alguna emergencia... Siento mucho molestarla, pero no sé a quién más llamar. Necesito ayuda... ¡Por favor, ayúdeme!». Estaba sollozando tanto que apenas podía hablar. «No quiero vivir más así. Si tengo que sentirme así todo el tiempo, prefiero morir. Por favor, Laura, ayúdeme».

Se mantuvo en silencio unos segundos, tomó un respiro profundo y me dijo, «Durante los últimos siete años he enseñado mi clase de yoga a las 6:00 A.M. y nunca he faltado a una clase. Algo extraño pasó esta mañana... el despertador no sonó. Sé que puse la alarma anoche. Esta mañana no podía entender por qué no sonó, pero ahora entiendo. Si mi alarma hubiera sonado como siempre, no estaría aquí para recibir tu llamada». Sabía muy dentro de mi corazón que no era una coincidencia. «¿Dónde estás? Espérame ahí».

Nunca había sentido la presencia de Dios tanto como en ese momento. Por primera vez en mi vida había experimentado un verdadero milagro. No conocía a esta mujer. Nunca la había visto, pero sabía que Dios había intervenido para que ella me ayudara. Llegó en quince minutos y me llevó a la Clínica de Mujeres de Beverly Hills. Buscamos entre las referencias de la clínica durante ocho horas, llamamos a varios centros de rehabilitación pidiéndoles que me aceptaran. «No tiene seguro, no tiene dinero, no hay servicio», nos dijo uno de los médicos. Finalmente, encontramos un centro que estaba dispuesto a darme un préstamo de $5,000.

La voluntad de sobrevivir

El 12 de junio, el día antes de entrar al centro de recuperación, sentía una ansiedad terrible. Sabía que iba a mejorar, pero estaba aterrada. Esa noche, mi familia tuvo una cena por la graduación de Judy de la universidad. Aunque estaba rodeada de mis amigos y mi familia, me sentía totalmente sola y desconectada. Mientras que ellos reían y conversaban alrededor de la mesa, yo le pedía a Dios que algún día me permitiera ser feliz de nuevo. Instintivamente, mi madre supo que algo andaba mal conmigo, pero se hubiera horrorizado con la verdad. Antes de irme a dormir, fui a su cuarto y le dije: «mami, necesito ausentarme por un tiempo. Necesito ordenar mis ideas con lo que ha pasado con papá. Regresaré en unas pocas semanas». Ella no entendió por completo lo que le decía pero me consoló y me dijo que me quería. Me hizo un té de manzanilla y me abrazó hasta que me quedé dormida.

A la mañana siguiente, me desperté todavía medio dormida a las 5:00 A.M. Empaqué mis cosas y desperté a Judy, que había ofrecido llevarme al centro de recuperación en Laguna Beach. Pensé que habíamos cometido un error cuando llegamos a la dirección que llevaba escrita. En vez de la institución fría e intimidante que me había imaginado, habíamos llegado a una bella mansión, rodeada de flores y pastos verdes, y con una vista bellísima del océano Pacífico. First Step (Primer Paso), el cual había abierto sus puertas hacía apenas unos meses, había sido fundada y operaba con fondos donados por un hombre de negocios con mucho dinero que había perdido a su hermano a causa de una sobredosis de heroína. No podía creer la bendición de haber encontrado a Laura y a este programa. Judy llenó los formularios y firmó todos los papeles del préstamo, y fui admitida. Ahora, más nada tenía importancia. Todo lo que quería era sentirme segura y cuidada. Tantas veces que había pensado en esta pesadilla, y estaba finalmente por terminar. Dormí catorce horas la primera noche.

La rehabilitación no era para nada como me la imaginaba. Había sólo nueve residentes que estaban ahí por causa del alcohol, la heroína, el *speed* y la marihuana. Había también consejeros y un doctor. Los pacientes eran desde el presidente de una compañía Fortune 500 hasta un muchacho de deiciséis años que deseaba dejar de usar heroína. Algunas personas estaban allí porque querían estar y otras porque habían sido forzadas por la corte. Aprendí que las drogas cruzan todas las líneas económicas y raciales y que los ricos toman drogas más caras, mientras que los pobres toman lo que pueden obtener.

Después de cuarenta días en First Step, mis consejeros y yo decidimos que estaba lista para regresar a casa y comenzar una nueva vida. Empecé a trabajar dos semanas después de dejar el centro y poco después comencé mi nuevo semestre en USC. Mis amigos me preguntaban: «¿Cómo te fue durante el verano?». Yo les contestaba: «Lleno de experiencias que han cambiado mi vida».

Durante el otoño de 1994, mi vida iba a tomar un

nuevo giro, amenizado con fanfarrias y fuegos artificiales. En esta ocasión el cambio sería positivo, al menos por un tiempo.

A pesar de haberme jurado no salir con jugadores de fútbol cuando empecé en University of Southern California (USC) en 1992, llegué a conocer a Norberto Garrido en 1993, que vivía a sólo unas cuadras de la universidad. Algún tiempo después, gracias a las manipulaciones de amigos mutuos, terminamos intercambiando números de teléfono y, poco a poco, desarrollamos una relación.

Corriendo las diez yardas

En octubre de 1994, mis amigos y yo fuimos al Coliseo para el juego anual entre USC y Oregon State. Toda la semana, mis amigos me habían estado llamando para asegurarse de que yo iría, lo que me pareció un tanto raro, porque yo casi nunca me perdía un juego. El día del partido, un poco después del final del cuarto tiempo, con 60,000 personas en las gradas, la banda de USC comenzó a tocar la marcha nupcial. Alguien me dijo que mirara hacia el marcador, donde en letras grandes y brillantes decía: «Yasmin, te amo. ¿Te casarías conmigo?». Un despliegue de fuegos artificiales se extendió sobre mi cabeza. Mis amigos me llevaron hacia el campo de juego donde Norberto me estaba esperando con un anillo de compromiso. El personal de seguridad me escoltó al centro del campo, Norberto se arrodilló frente a mí, me dijo cuánto me amaba, y me pidió que compartiera el resto de mi vida con él. Yo estaba anonadada. Levanté la vista y vi miles de personas aplaudiendo y gritando: «¡Di que sí! ¡Di que sí!». Miré hacia las pantallas gigantes del estadio y vi mi cara llena de lágrimas. Nunca hubiera podido imaginar que me propondría matrimonio de esta manera. Norberto era una persona muy tímida, ¡al menos eso era lo que yo pensaba! Le dije que sí, y él me puso el anillo en el dedo. Nos casamos unos meses más tarde.

Dos años después, en 1996, el equipo de USC ganó el campeonato de la división y destruyó a Northwestern University en el Rose Bowl. Yo me había graduado el año anterior, estaba trabajando con Philip Morris, y Norberto y yo éramos muy felices. ¡Todo parecía perfecto! Nuestra vida estaba llena de posibilidades. La National Football League (NFL) había reclutado a Norberto, convirtiendo su sueño en realidad, y anticipábamos emocionados nuestra nueva vida de fama, fortuna y momentos inolvidables.

Sin embargo, me tomó poco tiempo descubrir que aunque la NFL ofrece todo lo que imaginé, lo ofrecía a un precio bastante alto, un precio que yo no estaba dispuesta a pagar. En vez de ayudarme a avanzar, la vida de una esposa en la NFL me hizo regresar a situaciones y pensamientos que con tanto trabajo había tratado de evitar. Todos esperaban que yo dedicara cada momento de mi tiempo y cada pizca de mi energía a mi esposo. ¡Yo que nunca había vivido mi vida en la sombra de otra persona! Yo había luchado para vencer las limitaciones que me habían sido impuestas por otras personas y por mi cultura. Pensé que era libre para vivir mi vida en la manera en que yo quisiera, pero en la NFL, no hay opciones: se está fuera o se está dentro. Los jugadores y sus esposas deben seguir las reglas del equipo y sólo esas reglas. La verdad es que si no te gustan las reglas, siempre hay otra persona que se muere por tomar tu lugar. Mi esposo necesitaba de mi apoyo, yo sabía lo importante que esto era para él, así que tenía dos opciones: aprender el papel de esposa en la NFL, o crear un papel con el cual le pudiera ofrecer apoyo a Norberto sin sacrificar mi alma al hacerlo.

Las expectativas de una esposa en la NFL y las expectativas de la esposa latina proverbial son similares de una manera muy extraña. Se espera que ambas esposas sean muy tradicionales. Al contrario de lo que muchos piensan, es muy raro que las esposas en la NFL tengan niñeras que cuiden de sus hijos o sirvientas que limpien su hogar. Esto no quiere decir que las esposas no pueden pagar por estos servicios, sino que en el mundo de la NFL, se valora que la esposa atienda sus hijos y su hogar.

En abril de 1996, Norberto fue contratado por los Carolina Panthers y nos mudamos a Charlotte, Carolina del Norte, ese verano. Lo primero que noté fue que no había ni un solo latino o latina a la vista. Afortunadamente, ya que mi esposo estaba entrenándose en un campamento de fútbol, mi madre y una amiga viajaron conmigo para ayudarme a organizar mi nuevo hogar. La segunda cosa que noté: las tiendas no vendían tortillas de maíz ni el periódico *La Opinión*.

Dos semanas después, mi madre y mi amiga se fueron, y mi esposo regresó a casa. Desde ese día, todo cambió. Él parecía distinto: distante e indiferente. Yo no tenía idea en ese momento que esa era la norma para muchos jugadores de la NFL. Tal como nuestras madres latinas nos dijeron: «No molestes a tu papá, él está cansado por el trabajo», las esposas en la NFL no debían «molestar» a sus esposos durante la temporada de fútbol. Traté de ignorar su comportamiento y mejor pensar que era el estrés del deporte profesional.

Entre más tiempo pasaba, mi esposo se volvía más distante. Traté de ajustarme al estilo de vida, asistiendo a las reuniones de la Asociación de Esposas de los Panthers y a todos los eventos caritativos a los que las esposas asistían. El problema era que yo me sentía vacía y objetivada. Ya no se me percibía como Yasmin —la joven mujer con metas y aspiraciones inmensas— ya era tan sólo la «esposa de un Panther». A nadie parecía interesarle mi vida y mis sueños; de lo que todos querían hablar era de mi esposo y del fútbol. Cuando traté de hacer algo y crear mi propia identidad en esta nueva ciudad, fui condenada al ostracismo y se me dijo que yo esperaba mucho en la vida; que lo que necesitaba era tener bebés, y que toda esa energía que tenía iba a disminuir. Cuanto más trataba de buscar similitudes entre las otras esposas y yo, más me daba cuenta de lo diferentes que éramos. Cuando nos reuníamos, la conversación era solamente acerca de nuestros esposos. De hecho, llegué a conocer más acerca de los esposos de estas mujeres que acerca de ellas.

Al correr de la temporada, mi esposo se comportaba más y más arrogante. La ciudad entera adoraba a estos hombres como si fueran dioses. Ahora entiendo por qué tantos jugadores jóvenes en la NFL caen en problemas serios. Cuando a un muchacho de veintiún años que todavía no ha terminado de establecer por completo su identidad se le dan unos millones de dólares y se le trata como a un dios, tarde o temprano, comenzará a creer que lo es.

Pronto comencé a sentirme confusa y sola. No encontraba quien me apoyara, porque todos creían que mi vida era perfecta. Cuando traté de discutir mi situación con amigos y familiares, me di cuenta de que no entendían nada. «¿Problemas? Tú no tienes problemas. Ya quisiera yo tener tus problemas en vez de los míos», me dijo una amiga. Nadie podía ponerse en mi situación. No tenía nada que ver

con el dinero, tenía que ver con la muerte lenta de mi alma.
Yo siempre tuve la opción de irme de Carolina del Norte,
pero creía que el hombre de quien me había enamorado todavía existía dentro de mi esposo, y yo estaba decidida a recuperarlo. Pero el precio que yo estaba pagando me estaba
afectando emocionalmente. Había sobrevivido tanto en mi
vida, y había obtenido una buena educación para tener una
buena carrera y realizar mis sueños, pero eso no parecía importar, ya que no había lugar para mis sueños en el estilo de
vida de la NFL. Apoyé la decisión de mi esposo de unirse a
la NFL, y yo lo amaba por quien era; pero si él ya no iba a
ser el hombre que yo conocí antes de la NFL, entonces él ya
no sería mi esposo.

A pesar de que mi esposo me apoyaba *verbalmente*,
emocionalmente estaba ausente de nuestro matrimonio. De
regreso en Los Ángeles durante el receso, visitamos un con-
sejero matrimonial para que nos ayudara a resolver nuestros problemas. Allí Norberto aprendió que el matrimonio
no es algo de lo que se puede salir y entrar una y otra vez.
Aprendió que la comunicación consistente y el acceso emocional son elementos cruciales para que un matrimonio funcione. Él comenzó a comunicarse conmigo mucho mejor y
finalmente, después de dos años emocionalmente tormento-
sos, encontré una nueva esperanza.

Pero la recién descubierta —y como supe luego, temporal— armonía en nuestro matrimonio dio frutos con el
nacimiento de nuestra hija, Divina, el 8 de septiembre de
1999. Poco después, comencé a trabajar en mi primer libro.

Tiempo después, a pesar de nuestros intentos de salvar
nuestro matrimonio, nos dimos cuenta de que nuestra relación no tenía futuro. Emocionalmente, mi esposo y yo nos
habíamos distanciado. Yo había pasado los ocho años que

estuvimos juntos buscando crecimiento personal, pero él no. Estábamos en diferentes niveles emocionales y ya no era posible mantener una relación. Aprendí que es necesario que ambas personas en una pareja crezcan juntas; de lo contrario, una se quedará atrás. Habíamos llegado a un punto en que cada uno vivía en un mundo completamente diferente. Yo estaba hambrienta y necesitada de conexión emocional con mi esposo, pero esa conexión ya no era posible.

Aunque fue mi decisión terminar nuestro matrimonio, sentía un gran vacío dentro de mi alma. El fin de mi matrimonio no fue solamente el fin de una unión oficial, fue también el fin de un sueño que había anhelado casi toda mi vida: casarme con un hombre al que yo amara y con quien estaría por siempre. Mi divorcio representó una pérdida personal; era yo la que había escogido a Norberto como el hombre de mi vida. Sentí que me había traicionado a mí misma. ¿Cómo es posible que mi amor por mi esposo haya cambiado tanto? ¿Podré confiar en mis instintos de nuevo? Sentí que había perdido la confianza en mi propio corazón y temía que no podría volver a amar a un hombre para siempre.

El nuevo milenio se acerca

Desde que estaba en mis últimos años de estudios graduados en la universidad a fines de los 90, había hecho estudios e investigaciones sobre las barreras culturales que enfrentan las latinas y las posibles soluciones para rebasarlas. Encontré que había muy pocas cosas publicadas sobre este tema, así que comencé a recopilar materiales y ha entrevistar a cientos de latinas dispuestas a contar sus historias.

De este increíble proceso, que jugó un papel central en mi recuperación, surgió un libro: *Dando poder a latinas que rompen barreras para ser libres,* el cual se publicó primero en inglés en octubre del 2001.

Había dedicado el libro a mi esposo, agradeciéndole que me había enseñado lo que significa ser un hombre de verdad. Al comienzo del libro había una foto de mi esposo y yo con nuestra hija, una familia feliz. Pero en la época en que salió el libro, ya no éramos una familia feliz. Es más, Norberto y yo nos habíamos separado oficialmente dos semanas antes del lanzamiento del libro. Pero él fue al evento de firmar libros y aparentamos que todo estaba bien. En ese momento lo último que necesitaba era que el público se enfocara en mi matrimonio fracasado.

El libro tuvo un recibimiento fenomenal. Entre enero y julio del 2002, hice una gira de promoción, tratando de abrirme camino como madre soltera. A pesar de que el viaje fue todo un éxito, me sentí muy sola. No sé qué quería, tal vez ni sabía la razón de mi soledad. Quizás estaba de luto por la pérdida de mi matrimonio. Pero el éxito de mi libro y el impacto positivo que estaba teniendo en las mujeres que conocí a lo largo de mi viaje, centraron mi vida, me dieron fuerza y volvieron a llenarme de esperanza.

Pero el verano desembocó en otra tragedia familiar.

El 11 de agosto, Norberto, que para ese entonces ya era mi ex marido, se apareció en mi casa. Entró y me dijo: «Yasmin, por favor, siéntate. Tengo algo que decirte». Al principio pensé que algo le había pasado a Divina, que estaba pasando el fin de semana con él. Norberto me aseguró que la niña estaba bien en casa de los abuelos. Se sentó a mi lado, me miró a los ojos y dijo: «Ha ocurrido un accidente y tu hermanita Karina ha muerto». «¿Qué hablas de que Karina ha muerto?», pregunté sin creerle.

«Un conductor borracho chocó contra su carro y ella no sobrevivió», dijo. «No, eso no es verdad. ¡No puede ser!», grité. «Necesito hablar con Judy, ahora mismo… ¡Necesito hablar con ella ahora!», le rogué.

Norberto marcó el número de Judy y me pasó el teléfono.

«Por favor, Judy, dime que no es cierto, dime que no es cierto», dije llorando.

«Hermana, lo siento», dijo. «Es cierto que Karina ha muerto».

Lloré con el dolor más profundo que jamás he sentido. «¿Por qué, Dios mío? ¿Es que acaso no he sufrido lo suficiente?», exclamé. Judy había presenciado el accidente. Iba en su carro con su novio y mi hermanita y su amiga Garthea la seguían en otro carro. Judy vio a través del espejo retrovisor cuando una camioneta chocó contra un costado del automóvil de Karina. Judy corrió a socorrerla, pero cuando se acercó a los escombros vio que Karina y Garthea no estaban vivas. Habían muerto al primer impacto.

Ese fue el peor día de mi vida. Traté de ser fuerte. Me dije a mí misma: «*Todo ocurre por alguna razón ¡No! Las tragedias fortalecen. ¡No!*». Ninguna de las mantras que me habían ayudado en el pasado tenía efecto. No me importaba el por qué de lo ocurrido. Sólo quería tener a mi hermana de vuelta. No me interesaba «la lección» que esto me enseñaría, o que como resultado sería «una mejor persona». Basura.

Basura o no, seguí tratando de rearmar mi vida y echar adelante con mis proyectos. Tenía que hacerlo. Mi vida y la de mi hijita dependían de ello. Y mi carrera también. Ahora era una madre soltera que sólo recibía $300 mensuales de su ex marido. Esa realidad fue la bofetada que necesitaba para sacar fuerzas de flaqueza.

Unos días más tarde tendría que viajar a Dallas a negociar un contrato con Ramiro, un inversionista privado que
había conocido unos meses atrás. Él tenía fe en mi empresa
y pensaba que yo podía contribuir a cambiarle la vida a las
latinas de todas partes del mundo.

Mi relación profesional con Ramiro continuó creciendo después de esa reunión exitosa. Él creía que ya era el
momento apropiado de integrar otros inversionistas a nuestro proyecto para que contribuyeran al crecimiento de su
«superestrella en cierne», como él me llamaba. Reunió a un
grupo de inversionistas en Los Ángeles para que me conocieran, quienes quedaron intrigados por algo que debo
haber dicho, ya que hacia el final de la noche me ofrecieron
la luna y las estrellas. «Te daremos lo que quieras, Yasmin, si
firmas un contracto exclusivo con nosotros», dijeron.

«¿Qué quiere decir eso?», pregunté.

«Quiere decir que te haremos 'la última Coca-Cola en
el desierto', pero seremos la única empresa que manejará
todos los aspectos de tu carrera. Solamente tienes que preocuparte de ser talentosa y nosotros nos ocupamos del resto».

«No estoy segura de que quiera hacer eso», dije. «Pero
si así fuera, necesitaría una asistente personal; a mi hermana
Judy que venga a trabajar conmigo como vicepresidente o
algo parecido; mis propias oficinas y un salario de $30,000
mensuales». Yo tiraba lo que me viniera a la cabeza, sin
creer por un segundo que ellos aceptarían.

«Okay», dijeron. «Concedido. Todo lo que pides es
tuyo a cambio del completo control y operación de la marca
Yasmin Davidds».

«¿Marca? ¿Qué quieren decir con lo de marca?», pregunté.

«Te vamos a convertir en una marca bien vendida.

Pero debes entender que ni tu vida ni tu tiempo te pertenece-
rán. Tienes que hacer todo lo que, en nuestra opinión, necesites hacer para aumentar el valor de mercadeo de la marca
Yasmin Davidds». «Ay, no», dije. «Lo siento, pero mi alma,
o quizás deba decir 'mi marca', no se vende. Mi vida es mía,
y la única manera de asegurarme de que siga siendo mía es
que yo sea su dueña. Por lo tanto, rechazo su oferta».

Se quedaron pasmados. No podían creer que había rechazado lo que ellos consideraban el negocio del siglo. Durante los días siguientes trataron de hacerme cambiar de
opinión, pero yo no cedí. «Bien», dijeron. «Hablaremos de
contratos y negocios más tarde, vamos a meter manos a la
obra». Y así, sin yo firmar nada, ellos aceptaron emplear
a mi hermana como vicepresidente, me proveyeron una asistente a tiempo completo, oficinas y un sueldo de $30,000
al mes.

Los meses subsiguientes fueron espantosos. Emplearon a supuestos expertos para que me acicalaran y me con-
virtieran en «una marca». «No lápiz labial rojo», dijeron los
supuestos expertos. «Tenemos que venderte a los blancos,
así que hay que alisarte el pelo, ponerte lápiz labial color
carne y vestirte en colores neutros».

«Pero esa no soy yo», les dije.

«Nosotros somos los expertos, Yasmin, déjanos hacer
nuestro trabajo», dijeron. «Ustedes serán los expertos sobre
otra gente, pero no sobre mí. Pensé que los emplearon para
mover mi carrera al próximo nivel, no para cambiarme»,
dije. Lo menos que me imaginaba era la gran cantidad de negocios y enredos que llevaban a cabo a mis espaldas. Esa
gente tenía gran interés en «crear una nueva yo», porque si
ellos me creaban, entonces ellos tenían el derecho a reclamar
cierto porcentaje de mi valor en el mercado. Si me acepta-

ban tal y como era y me subían al próximo nivel, nunca podrían darse el crédito de que ellos «me hicieron», y por lo tanto me sacarían menos provecho. Bueno, doy gracias a Dios por mi terquedad, ya que rehusé ceder a sus sugerencias sobre quien yo debía ser. No me sentí cómoda con lo que me exigían y si no me sentía cómoda no lo iba a hacer.

En agosto del 2003, Ramiro me invitó a un almuerzo privado. Para esa época yo dedicaba todo mi tiempo a nuestro proyecto, del cual dependía por completo económicamente. En cuanto me senté a almorzar, Ramiro me presentó un documento. «Éste es el contrato que queremos que firmes», me dijo. «Necesitamos tu firma dentro de cuarenta y ocho horas. De lo contrario, dejaremos de pagarte a ti y a tu personal».

«Pero mi abogado está fuera de la ciudad», le dije.

«No te hace falta un abogado para eso», dijo. «¿No confías en nosotros? Hemos invertido cientos de miles de dólares en ti y pones en tela de juicio nuestra lealtad?».

«No firmo nada sin que mi abogado lo vea primero».

«Bien», dijo, «pero necesitamos que lo firmes dentro de cuarenta y ocho horas. No podemos seguir dándote dinero sin contrato».

Regresé a casa, leí el contrato y casi me desmayé. ¿Estaban bromeando? ¿De verdad pensaban que yo firmaría un contrato que les cedía la propiedad de mi *yo*? La propuesta que había rehusado seis meses atrás la tenía ahora delante de mí en blanco y negro. Lo peor de todo es que querían todos los derechos sobre mí y mi nombre. Cuando el contrato caducara dentro de cinco años yo tendría que *pagarle a ellos* para usar mi propio nombre. Yo no podía firmar aquello de ninguna manera. Le envié el contrato por fax a mi abogado que se encontraba en otro estado, y enseguida me llamó. «Ni te atrevas a firmar ese contrato, Yasmin», me dijo. «Ese contrato es tan malo que si decides firmarlo no puedo representarte más». Le dije a Ramiro que no firmaría el contrato. Veinticuatro horas más tarde, todos los fondos del proyecto fueron retirados.

Súbitamente, mi hermana Judy, mi asistente Kathleen y yo nos quedamos sin ingresos. Me dejé caer en una silla y me eché a llorar sin saber qué hacer. Aunque estaba consciente de que no podía firmar ese contrato, no dejaba de sentirme responsable por Judy y Kathleen, ya que sus ingresos dependían de mí. En mi caso, fui de $30,000 dólares al mes a cero, y mis ahorros eran mínimos.

Necesitábamos adelantar el proyecto sin inversionistas, y eso fue lo que hicimos. Literalmente tuvimos que empezar de cero. Fue muy difícil, pero sabíamos que de un modo u otro teníamos que comenzar a concretar negocios. Ninguna de nosotras tenía recursos para flotar hasta cuando el dinero «de verdad» comenzara a fluir.

Esa misma semana recibí una carta de los abogados de los inversionistas, en la que me informaban que a menos que llegara a un acuerdo con ellos o devolviera el millón de dólares que habían invertido en mí, me llevarían ante los tribunales. Enseguida conseguí un grupo de abogados que estaba dispuesto a que le pagara una vez concluido el proceso. Organizamos llamadas telefónicas entre mis inversionistas de Miami, sus abogados en Nueva York y los míos en Los Ángeles. Mientras más llamadas tenían lugar, más lejos de un acuerdo nos poníamos. Mientras todo esto transcurría, mi amiga Genevive se dio cuenta de cuan estresada yo estaba. Vino a verme y me dijo: «Yasmin, tengo un amigo inversionista que creo puede ayudarte. Es un experto en grandes transacciones y quiero que lo conozcas».

Cuando pensaba que podía meterme en el agua de nuevo...

Aunque a regañadientes, acepté conocer a «Lionel». Me pareció un hombre interesante e inteligente. Le expliqué mi situación e inmediatamente me dijo: «Creo que puedo ayudarla». En un pestañear de ojos, él se sumergió en la situación para protegerme de los inversionistas. Despedí a los abogados que había contratado y di a Lionel carta blanca para negociar un acuerdo con los inversionistas. Actuó con sabiduría y rapidez y quedé impresionada con sus tácticas empresariales. Una noche, durante una cena en su casa, Judy y yo hablamos de cuánto extrañábamos a nuestra hermana menor. Después de que Judy se marchó a su casa, Lionel se me acercó y con los ojos más tiernos con que jamás hombre alguno me había mirado, me tomó en sus brazos y me dijo: «No te preocupes, voy a cuidarte para que nada malo te suceda. Si necesitas llorar por tu hermana, hazlo entre mis brazos. Juro que nunca te dejaré». Por primera vez en muchos años me sentí protegida, y eso me hizo sentir muy bien. Lo menos que me imaginaba era que los tiburones nadaban a mi alrededor.

Lionel y yo comenzamos una relación íntima. Yo necesitaba amor y comprensión, y él me lo dio. Yo necesitaba seguridad, y él me la ofreció. Yo necesitaba ser cultivada y él lo hizo. Hasta ese momento yo nunca había entendido por qué alguna gente llegaba a extremos para satisfacer su necesidad de amor y protección. Ahora yo me encontraba en la misma situación.

Al principio, Lionel fue mi Príncipe Azul. Lo veía como un ángel caído del cielo, pero resultó ser un estafador. En un periodo de tres meses casi destruyó mi vida. Se aprovechó de mis debilidades y de mi sed de amor y protección. Era un hombre profundamente religioso (de una manera algo retorcida), que había donado $500,000 a su iglesia. Pero se convirtió en un experto en usar su presunta devoción religiosa para manipularme.

Al principio, las negociaciones con los inversionistas iban de maravilla, ya que a pesar de los problemas que ellos y yo habíamos tenido, ellos confiaban en Lionel. Pero luego de varias reuniones me di cuenta de que los inversionistas se estaban alejando. Ellos notaron que algo no olía bien en las negociaciones con Lionel. Yo también presentía algo, pero rehusaba admitirlo. Es fascinante ver cómo funciona la psiquis. Nos mentimos a nosotros mismos y tratamos de convencernos de que algo es cierto aún cuando tenemos la mentira frente a la cara. Y eso fue lo que hice. Me convencí a mí misma de muchas cosas para que, a mis ojos, la situación en la que me encontraba tuviera sentido, pero día a día me sentía más y más despojada de fuerza. Al cabo de tres meses, los inversionistas se retiraron de las negociaciones por completo, yo estaba sin un centavo y debía tres meses en la hipoteca. Estaba a punto de perder mi hogar.

Para noviembre del 2003, me encontraba en un desastroso estado emocional. «Dios mío, no sé que está pasando. Si ayudar a otros a encontrar su poder no es el propósito de mi vida, sé que puedo aceptarlo. Sólo tienes que darme una señal de que esta vez no hay salida, y cambio de profesión. Solamente un milagro tuyo puede lograr que yo continúe mi camino». Esa noche me fui a la cama sin saber qué haría o dónde viviría la mañana siguiente. Al otro día recibí una llamada de mi querido amigo Robert. Él conocía mi situación y quería ayudarme. «Yasmin», dijo, «no puedes perder tu casa. ¿Por qué no la vendes y vives de las ganancias por un tiempo?».

«Eso quisiera, pero la casa ya está en proceso de ejecución. Me la van a quitar antes de que pueda venderla», dije. Pero Robert tenía otras ideas; logró conseguirme un préstamo de $20,000 el cual pagaría al vender la casa. A la mañana siguiente recogí el dinero y fui directo a la compañía de hipotecas para pagar mis mensualidades atrasadas.

Al otro día puse la casa a la venta y a los cuatro días ya tenía comprador. El 29 de diciembre salí de mi casa en Chino Hills. Había ganado $90,000 con la venta de la casa y después de pagar todas mis deudas me quedé con $60,000 en limpio. No sabía exactamente cómo iba a continuar mi negocio, pero al menos tenía ese efectivo para cubrir mis gastos hasta que se me ocurriera qué iba a hacer.

Para ese entonces, Lionel y yo teníamos muy malas relaciones. Me había dado cuenta de que él sólo estaba interesado en aprovecharse de la gente que se encontraba en situaciones vulnerables.

El Día de Reyes, el 6 de enero del 2004, los $60,000 fueron transferidos a mi cuenta comercial. El 7 de enero fui al banco a retirar un dinero. «Lo siento», dijo la cajera. «Su cuenta tiene un balance negativo».

«¿Negativo?», dije. «No puede ser. Ayer se transfirieron $60,000 a esa cuenta».

«Es cierto», dijo ella. «Aquí lo veo, pero esta mañana un tal Lionel Johnson cambió un cheque en la cantidad de $60,000, dejando un saldo negativo de $1.28. Aquí dice que el señor Lionel Johnson es uno de los co-signatarios y que está autorizado a hacer transacciones en esta cuenta». Se me cayó el alma al suelo. Cuando Lionel y yo comenzamos nuestra sociedad de negocios, habíamos abierto una cuenta comercial que le permitía llevar a cabo transacciones con mi aprobación. Él era mi socio, y los socios en empresas comerciales se tienen confianza. Pedí ver una copia del cheque que Lionel había cambiado y vi que había falsificado mi firma. En la línea del memo había escrito, «Fondos comunes de inversión». Me había estafado y ahora me había quedado con las manos vacías. No tenía ni un dólar a mi nombre.

A la mañana siguiente me despertó una llamada del FBI. Me quedé atónita al descubrir que Lionel había estado bajo investigación y el FBI lo había arrestado esa mañana. Los investigadores me pidieron que hiciera una declaración sobre mis tratos comerciales con Lionel. Lo hice con sumo gusto y juré que jamás tendría ningún tipo de trato con él.

¿Qué haría ahora? ¿Cómo manejaría un negocio sin dinero? «Okay, Dios, se acabó. Estoy cansada. Por favor ayúdame». Con el pasar de los días sentí que caía en una profunda depresión. No quería ver ni hablar con nadie. Me sentía avergonzada de haber permitido que un desgraciado entrara a mi vida y la virara al revés. Me sentía humillada por haberle entregado mi poder a Lionel. Decidí buscar un empleo en vez de continuar con mi propio negocio. Me sentía impotente y no iba a fingir lo contrario.

Pero mi buena suerte no me abandonó y unos días más tarde recibí una carta de L'eggs, la compañía de medias de mujer. La empresa me había seleccionado para ser su portavoz en una campaña promocional dirigida a la comunidad hispana. Me ofrecían una cantidad de dinero respetable por el derecho a usar mi nombre, además de un contrato de un año para viajar por todo el país y representar a L'eggs en los eventos latinos más importantes. Acepté la propuesta y mi nueva carrera alzó el vuelo. Los doce meses que siguieron fueron difíciles emocionalmente porque no me quedó más remedio que confrontarme a mí misma. Me tomó seis meses poder siquiera hablar de mi experiencia. Mis amigos más cercanos y mi familia nunca me juzgaron y siempre me recordaban que yo era un ser humano. Pero no podía dejar de pensar que debido a que yo era una especialista en empoderamiento tenía que ser superhumana. No fue hasta que acepté mi dolor, mi humanidad y mi vergüenza que me perdoné a mí misma y me acepté de nuevo, esta vez con todas mis imperfecciones.

En ese momento me di cuenta del error de mis oraciones. Había pedido a Dios que me devolviera a la antigua Yasmin, pero eso era un pedido imposible de conceder. Las circunstancias me habían hecho evolucionar a un nuevo nivel, una nueva Yasmin. Hasta tanto no me entregué a Dios y acepté mis faltas, fue que comprendí que mis imperfecciones son parte de mí y comencé a sentirme viva de nuevo.

Ahora sigo mi camino, y tomo los riesgos que sean necesarios para vivir mi vida al máximo, sabiendo que pase lo que pase, si alguna vez entrego mi poder de nuevo, puedo recuperarlo. Conscientemente o no, entregué mi poder debido a las circunstancias, pero en cuanto estuve lista, me apoderé de él nuevamente. No soy una mujer extraordinaria con talentos potentes. Soy una mujer igual que tú. Una mujer que ha decidido vivir su vida con completa honestidad, y no mentirse a sí misma. Si vives tu vida de esta manera, siempre serás poderosa. Cuando te engañas a ti misma es que pierdes tu fuerza.

Creo ciegamente que si nos han traicionado, maltratado, abusado o engañado, no se debe a un simple accidente. Cada episodio lleva nuestro verdadero *yo* a un nuevo nivel de conciencia. Nuestro deber es descifrar esta verdad en nuestras vidas y descubrir lo que cada experiencia nos regala. Crecemos y sanamos cuando descubrimos la bendición que se esconde dentro de cada una de nuestras experiencias.

He descubierto el significado de cuanta tragedia y cuanto reto que la vida me ha dado. Mi depresión me enseñó a no sentir vergüenza por las cosas que me han sucedido, todo el mundo tiene una historia que contar. Mi adicción a las drogas me enseñó que si no estoy emocionalmente saludable, no puedo cuidar a otros, y que el mejor regalo que una madre puede darle a su hija es su propia felicidad. La enfermedad mental y el abuso de mi padre me enseñó que a menos que no sane mis heridas del pasado, éstas volverán a supurar en el futuro. El sufrimiento de mi madre me enseñó el valor de la independencia económica para que mi felicidad y bienestar no tengan que depender de una sola cosa o una sola persona. La muerte de mi hermana me enseñó que la vida es muy corta para los lamentos, muy pura para las fachadas, muy profunda para las superficialidades. Me enseñó también que aunque parte de mí muera, es posible volver a nacer. Mis inversionistas me enseñaron que a pesar de las apariencias, el negocio es siempre el negocio. Mi divorcio me enseñó la importancia de ser fiel a mí misma. La traición de mi socio me enseñó que a pesar de que la vulnerabilidad puede ser peligrosa, no debemos dejar que nos ponga un candado en el corazón.

No importa si el significado que he atribuido a cada una de estas experiencias es cierto o no. Lo que sí sé es que nunca sufriré en vano. Me aseguraré de que por cada una de mis penas haya diez júbilos, y que por cada lágrima de dolor, haya cien de alegría.

No acepto amantes o amigos parciales. Cuando amo, amo apasionadamente, con cada fibra de mi ser. Si le preguntas a mis amigos te dirán lo mismo: que vivo la vida apasionadamente en el presente. Mi vida es más importante que mi carrera, y mi hija es más importante que cualquier cosa que la vida pueda ofrecerme. Mi madre, mi hermana, y mi sobrina alimentan mi corazón y mis amigos satisfacen mi alma cuando está vacía. Pero en el centro mismo de mi vida vive la fe. Sin Dios nada es posible.

Aquí estoy

Todas las lecciones aprendidas me han dado la fuerza de desarrollarme más allá del caos y vivir mi vida a propósito. Por más de veinte años he soñado con tener mi propio programa de televisión para darle poder a las mujeres desde una perspectiva latina. En octubre del 2005, mi sueño se hizo realidad cuando mi show semanal, *The Latina Perspective,* salió al aire en Los Ángeles.

Qué más me depara el futuro, no lo sé. Pero sé que si la vida me da alegría, se la traspasaré a otros, y si me da penas, las convertiré en alegría y la traspasaré a otros.

Mientras tanto, espero que la historia de mi vida y la información que aparece en las páginas que siguen, te ayuden a vivir tu vida al máximo, sin lamentos. Al igual que nadie puede decirme cómo debo vivir mi vida, no te diré cómo debes vivir la tuya. Sólo puedo guiarte hacia tu propia verdad.

Hasta la próxima, hermana. Te quiero mucho.

2 ¿A DÓNDE HA IDO TODO MI PODER?

«Quizás simplemente me convertía en la mujer que el hombre con quien estaba en ese momento quisiera que yo fuese: 'gatita sexy', 'activista política', 'señora esposa de un poderoso hombre de negocios'… ¿Era yo un camaleón, y de ser así, cómo es posible que una mujer aparentemente fuerte pudiera perderse tan repetidamente? ¿O es que estaba perdida en realidad?».
—**Jane Fonda, según la cita Maureen Dowd en su libro**
Are Men Necessary?

¿Qué es el poder exactamente?

Muchas mujeres no entienden bien qué significa el poder; al menos el tipo de poder que analizo en este libro. Para algunas, poder significa que otros hagan lo que ellas digan. Esa definición a menudo se asocia con las cosas que más detestan las mujeres, quizás porque muy a menudo, son las mujeres las que sufren las consecuencias de ese tipo de poder: dominio, autoridad, fuerza y hasta violencia. Pero existe un significado más amplio del poder: la habilidad o capacidad de actuar. Pero el poder es mucho más que eso. Es un recurso. Pudiéramos decir que es un recurso, como la electricidad. Ahí está, pero a menos que aprietes el botón, la aspiradora no va a sacar esos pelos de gato pegados a la alfombra, ni la lámpara sobre tu mesa de noche se encenderá para que no tropieces y te caigas camino al baño a medianoche. Todas llevamos dentro este «recurso natural», y tenemos la capacidad de apretar el botón que nos enciende.

Durante mi trabajo con mujeres me he dado cuenta de que muchas tienen un gran miedo de ejercer el poder. Muchas preguntan: «¿qué hago para que mi fuerza viva dentro de mí?», «¿tengo miedo de mi fuerza?», «¿tengo miedo de lo que significa ser dueña de mi poder?». Éstas son preguntas válidas. He visto a mujeres de todas las edades y etnias buscando su poder externamente. Muchas creen que un hombre o hijos o una casa con su cerquita blanca llenarán sus vidas. Un trabajo mejor puede hacerlas felices, pero para lograr lo mejor de nosotras mismas —para hacer fluir la fuerza que llevamos dentro— necesitamos entender mejor el significado del «poder». La vida que llevamos hoy es el resultado de decisiones que tomamos ayer. Ser dueñas de nuestras decisiones significa que somos dueñas de nuestras vidas. Y la calidad de nuestras vidas depende de la responsibilidad que estemos dispuestas a aceptar por las decisiones que tomemos.

Podemos ver el poder como externo e interno. El poder externo se puede adquirir a través del dinero, una carrera o el control sobre otras personas. A ese tipo de poder yo lo llamo «poder superficial» porque puede ser retirado en cualquier momento. El poder interno, que yo llamo «poder personal», vive en el fondo del alma y nos da la sensación de que no hay nada en el mundo que no podamos sobrepasar. Nadie nos puede otorgar ese poder interno y nadie puede quitárnoslo a menos que dejemos que algo o alguien nos lo quite.

El poder externo se manifiesta de muchas formas y tiene una gran influencia sobre nosotros desde que somos niñas. A menudo estamos a la merced de nuestras tradiciones culturales: vergüenza, miedo al qué dirán, instituciones religiosas y conceptos anticuados de lo que debe ser «una buena mujer». Cedemos ante nuestras familias y sus —a menudo ilógicos— requisitos y deseos. Nos desvivimos por complacer a nuestros jefes porque nos han enseñado bien a complacer y a cooperar con otros en todo momento. Nos hacemos fantasías sobre el dinero y entregamos nuestro poder a la búsqueda de bienes materiales y el falso respeto que confieren. Cuando un hombre se hace parte de nuestra vida, muchas de nosotras dejamos atrás nuestras personalidades, sueños y esperanzas. Regalamos nuestra fuerza interna a cualquiera que nos haga felices, o a veces simplemente para que él se tranquilice.

Para detener este desgaste de fuerza, necesitamos analizar las varias maneras en que dejamos que este proceso destructivo ocurra.

Entregar el poder vs. entregarse

Mientras esperaba que me entrevistaran sobre el tema «Recupera tu poder» en una estación de televisión de Miami, Mónica, la animadora del programa, tuvo la misericordia de interrumpirme cuando estaba a punto de darle una mordida a un donut cargado de calorías.

Mónica quería discutir algunas cosas conmigo antes de salir al aire en vivo. Nos sentamos en el sofá y me dijo: «Yasmin, quisiera discutir contigo una situación en particular que sé será de mucho interés a nuestros televidentes. Conozco a una mujer que tiene un jefe que le hace la vida un infierno. Parece que él se siente amenazado por ella, y constantemente le tiende trampas para que fracase. Por supuesto, el resto del personal no se da cuenta de sus problemas».

Mi primera reacción fue preguntarle a Mónica si esa mujer había hablado con su jefe sobre la situación. «Claro que sí», contestó, «pero el jefe lo niega todo. Siento pena por ella. La verdad es que vive atormentada y no sabe qué hacer».

«¿Ella ha pensado en dejar el trabajo?», pregunté, pensando que era una pregunta obvia.

«¡Ay, no!», dijo Mónica. «Si hace eso entrega su poder, ¿no? Dejaría que el jefe ganara».

«Para decirte la verdad, no sabía que se trataba de un juego».

«No es un juego», contestó algo confusa.

«Entonces, ¿por qué lo trata como si fuera un juego?», pregunté. Mónica no supo qué contestar. «Déjame decirte algo que aprendí hace tiempo», le dije. «Esa situación no es sobre el jefe, sino sobre la mujer en cuestión. Ella está tan preocupada con su jefe, que se olvida de atender a la persona más importante en su vida: ella misma. Debe tomar una decisión basada en lo que es mejor para ella, no lo que es mejor para su ego».

Hay ocasiones en que nos dejamos arrastrar por un sentido de injusticia e indignación, y pensamos que no debemos ceder ni un centímetro, que debemos apretar las mandíbulas y quedarnos plantadas en nuestra posición; o como prefiero decir «plantadas en nuestro poder». Pero a través de los altibajos de mi vida y mi carrera, he aprendido que a veces entregarnos a la indignación *equivale* a plantarnos en nuestro poder. En esas ocasiones, hice uso de mi poder para escoger las batallas que iba a librar, porque lo cierto es que algunas situaciones no se merecen nuestro tiempo y energía. Es a ti a quien corresponde tomar la decisión de abandonar una situación, y allí es donde tu poder entra en juego. Siempre debes escoger entre tomar acción o cederle la situación a tu contrincante.

Si esa mujer que Mónica me describió verdaderamente quiere a la compañía y al puesto que allí tiene, sería más sabio de su parte hacer lo necesario para solucionar el problema. Sin embargo, eso no quiere decir que debe comprometer su sentido de ética o su poder personal. Si su jefe le hace la vida imposible, ella debe reportarlo al departamento de recursos humanos de la compañía. Sea cual sea el resultado, ella terminará con más poder y autoestima porque hizo lo que era correcto para sí misma: no permitió que nadie violara su poder personal. Por otro lado, si ella decide quedarse en una situación incómoda porque no quiere que el jefe «gane», entonces es demasiado tarde. Ya él se ha puesto la corona de laureles.

Han habido ocasiones en que yo he decidido quedarme y luchar por mis creencias, y otras veces he decidido alejarme de la situación. La lección más importante que he aprendido de mis experiencias es que mi poder no emana de esas decisiones individuales, sino de la convicción de que las decisiones fueran mías y sólo mías.

Los chupa-fuerza vs. los inyecta-fuerza

La habilidad de conectarse con personas que son una fuente de poder es un talento que enriquece tu vida; permitir que otros creen un corto circuito en tu vida y te despojen de

tu poder es autodestructivo. Vivimos rodeadas de individuos que inyectan fuerza y otros que son verdaderas sanguijuelas de poder. Es esencial aprender a distinguir entre ellos.

Hay tres maneras de comportarse cuando una persona
confronta a otra persona poderosa:

- Algunos apoyan y nutren la fuerza de otros, porque
se dan cuenta de que, especialmente para las mujeres, la
fuerza tiene propiedades positivas y sanadoras.
- Otros, sin intención o inconscientemente, roben el
poder poco a poco.
- Y existen las sanguijuelas que intencionalmente de-
sangran a la persona de su poder.

Hace unos años, empleé a una asistente para que orga-
nizara todas mis presentaciones en los medios de comunicación. Irónicamente, cada vez que yo tenía una entrevista, esa
persona se ponía imposible (y curiosamente) estresada. Tal
pareciera que el organizar todos los detalles y su preocupación sobre si yo haría un buen papel en la entrevista la tor-
naban en una mujer al borde de un ataque de nervios.
Basada en mi experiencia de tantos años de ansiedad innecesaria, yo había llegado a la conclusión de que si yo era «au-
téntica», todo saldría exactamente como debía salir.

Me habían pedido que apareciera como experta en un
importante programa de televisión que pasaban en horario
principal. La productora quería hacerme un test, y si le gustaba, me ofrecería un segmento regular. Esa mañana, mi
mamá me preguntó si me sentía nerviosa.

«No», le dije, honestamente.

«¡Pero vas a salir en vivo frente a millones de personas!
¿Cómo es que no estás aterrada?».

«Es que no lo veo así, mami», le contesté. «Me veo sentada en un estudio, conversando con unas personas muy agradables que por cierto también son las animadoras del programa. Mientras que yo esté centrada en mi verdad, no puedo fallar. Si le agrado a la productora, fantástico. Si no le gusto, pues eso solamente quiere decir que ese programa en particular no era apropiado para mí». Mamá lo pensó por un segundo. «Tienes razón, *mijita*», dijo. «Tienes toda la razón».

Al poco rato, mi asistente pasó a recogerme. La energía dentro del automóvil era sumamente tensa. «¿Qué pasa, Michelle?», pregunté. «¿Estás bien?».

«Sí», dijo en un tono que sonaba como todo lo contrario. «No debemos llegar tarde… y tenemos que asegurarnos de que te arreglen el pelo y te maquillen bien… y que pronuncien tu nombre correctamente», dijo casi ladrando. «Ah, y cuando te sientes, cruza los tobillos y no las piernas».

Me quedé boquiabierta. «¿Cruzar los tobillos es tan importante, Michelle?», le pregunté con la mayor paciencia que pude.

«Bueno, es que todas las mujeres en televisión lo hacen», me contestó. «Me he estado fijando, y todas cruzan los tobillos, ninguna cruza las piernas».

Aquella conversación me pareció muy extraña. «Pero yo no soy *todas* las mujeres, Michelle. Además, no me gusta cruzar los tobillos, lo encuentro muy incómodo. Me gusta cruzar las piernas». Pensé que eso daría fin a la discusión.

Pero no. Con un suspiro de irritación repitió: «¿Pudieras cruzar sólo los tobillos, por favor?».

La miré con incredulidad. «No, no puedo. A menos que me des una razón válida de por qué es tan importante. El hecho de que otras mujeres lo hagan no es suficiente». Pero eso no fue todo. «Ahora, si me dijeras que cruzar las piernas da una mala impresión en televisión, entonces lo tomaría en cuenta, pero a estas alturas deberías saber que yo no sigo a los demás para encajar con la multitud. No soy así».

«Bien», respondió al fin. «Pero no entiendo por qué tienes que hacer todo tan difícil».

Cuando llegamos al estudio, sentí que toda mi energía positiva se había disipado. Michelle me había expuesto a una negatividad innecesaria, y mi energía había bajado de un nivel rebosante a uno mediocre. Si trató de irritarme a propósito o no es irrelevante; el hecho es que me afectó profundamente. A veces no importa si una acción es intencional: el resultado es el mismo. Y si terminamos con el ánimo caído, es hora de decidir si debemos eliminar la fuente de energía negativa.

En los días que siguieron, la situación con mi asistente se agravó a tal punto que era imposible ignorarla. Mi presentación fue muy buena y la productora me invitó a aparecer regularmente en el programa. Irónicamente, yo había decidido que ese programa no era el foro apropiado para mí, así que con mucha cortesía rechacé el ofrecimiento. Michelle se puso lívida; ella pensaba que el programa era una oportunidad única. En ese momento me di cuenta de que no tenía otra opción que despedirla. Estaba claro que Michelle no tenía mis intereses como prioridad. Si hubiera ignorado los signos de dólar que flotaban ante sus ojos y hubiera tomado el tiempo de conocerme mejor, se hubiera dado cuenta desde el principio de que para mí lo importante es el viaje y no el destino. Si hubiera escuchado mi mensaje con más atención, hubiera entendido que la fuerza de mi carrera reside en el descubrimiento de mi propio camino.

No pude evitar comparar la reacción de Michelle con la de mi madre. Mami entendió que mi poder se centraba en yo ser como soy, mientras que Michelle, en vez de alimentar ese poder, intentó socavarlo para que yo accediera a lo que ella pensaba que complacería a otros.

El más insidioso de los chupa-fuerzas es el ladrón de energía. Es el tipo de persona más peligrosa, no porque te ataca físicamente (eso es otro tema completamente diferente) sino porque puede marcarte con cicatrices emocionales por el resto de tu vida. En muchos casos, los peores ladrones de energía son parte de la familia. A la mayoría de la gente nos es difícil aceptar que alguien que conocemos y queremos nos haga daño al robarnos nuestro más preciado tesoro: nuestro poder. La persona que tiene la tendencia a quitarnos fuerza no es necesariamente una persona maligna; en otras palabras, son personas perturbadas, incapaces de distinguir entre el bien y el mal. Estos personajes destructivos están, sin excepción, afectados por sus propios problemas, que casi nunca tienen nada que ver con la persona que están manipulando. Sencillamente, ellos no soportan ver a otros felices porque ellos son totalmente infelices. Sin embargo, mantienen la habilidad de hacerte daño si tú los dejas; y cuando tú dejas que otros te hagan daño, parte de tu espíritu —el lugar donde reside tu poder— pasa al control de ellos. La buena noticia es que este tipo de juego de poder es algo que puedes aprender a manejar una vez tengas las herramientas necesarias, las cuales encontrarás en los próximos capítulos.

Poder familiar vs. poder personal

La lealtad a la familia sobre todas las cosas es un aspecto vital de muchas culturas, especialmente para los latinos. Desde muy temprano nos enseñan a ser fervientes devotos de la familia, un legado que nuestros padres y abuelos nunca cuestionaron.

Seamos honestas. Todas hemos hecho cosas sabiendo que no eran prácticas o convenientes o buenas para nosotras —y a veces hasta inmorales— simplemente porque un miembro de la familia nos pidió que las hiciéramos. Si nos preguntan por qué hicimos esas cosas, no es difícil responder: porque la familia está primero que todo. A pesar de que me considero una persona leal, no dejo de reconocer que tomar ciertas decisiones sólo por la necesidad de ser obedientes, e ignorar que son imprácticas, puede ser sumamente peligroso.

Cómo percibimos el poder y cómo nos relacionamos con él determinará cómo interactuamos con los demás durante nuestra vida. Las personas que han sido enseñadas por sus familias a cuidar su poder personal y llegar a ser adultos positivos demuestran su fuerza en su carácter. Estas personas toman decisiones desde una posición de poder. Desgraciadamente, éste no es el caso para muchas mujeres que han visto a sus madres, tías o hermanas abandonar su poder personal para satisfacer a sus hombres. Muchas ven sus sueños y aspiraciones desinflados a cada paso por sus propias madres, quienes señalan las faltas de su hijas constantemente: «Estás muy gorda». «Tu pelo es demasiado rizado». «Olvídate de la universidad, no eres inteligente». Al llegar a adultas, esas a quienes les han chupado la fuerza toman decisiones desde una posición de debilidad, lo cual muchas veces lleva a una vida infeliz e insatisfecha. Debemos hacer un esfuerzo para ayudar a nuestras hermanas a reconocer la pasividad que ciertos aspectos de nuestra cultura fomentan en las mujeres. Así lograremos cambiar esos patrones de debilidad que hemos aprendido y fomentaremos la confianza en nosotras mismas.

Cómo entregamos nuestro poder a los hombres

La búsqueda de seguridad a través de un hombre es el mayor obstáculo para mantener su poder que enfrentan las mujeres. Cuando hablo de seguridad me refiero a la seguridad emocional: la creencia de que te quedarás sola el resto de tu vida si no aceptas a ese hombre, aunque él no esté a la altura de lo que deseas y te mereces. El miedo a estar sola puede empujar hasta a la mujer más fuerte a sacrificar parte de su poder personal a cambio de seguridad emocional. Una señal certera de que este síndrome se ha apoderado del sentido común de una mujer es cuando ella comienza a adaptarse a lo que su hombre cree es correcto en vez de defender sus propias creencias. Otra señal es cuando la mujer se ve a través del ojo crítico del hombre y comienza a dudar de sí misma porque cree que todo su valor reside en su apariencia y comportamiento como «buena» novia o esposa. No hay nada malo con llegar a acuerdos, pero estos deben ser justos y equitativos. Demasiadas veces, las mujeres entregan su poder por completo para así ser amadas.

La historia de Melisa, la cual relato más adelante, ilustra una situación autodestructiva y que le saca la fuerza a las mujeres que se comportan de esa manera. Veremos que Melisa no se dio cuenta de que, a veces, cuando perdemos alguna cosa, ganamos otra más importante.

Hace unos años, me encontraba en un centro nocturno

latino de Los Ángeles. El lugar estaba rebosante de gente bella luciendo trajes y joyas caras. Yo estaba pasando un buen rato bailando con mis amistades, cuando de pronto ví a una joven que estaba llorando en una esquina. Enseguida noté que era una mujer bellísima, a pesar del rímel que le corría por las mejillas.

Me acerqué a ella y le pregunté qué le pasaba, poniéndole una mano sobre el hombro.

Entre sollozos tardó unos minutos en contestarme. «Mi novio... él... estábamos bailando y divirtiéndonos. Pero llegó una mujer y le dijo algo al oído, y él le agarró la mano y se fue a bailar con ella». Se cubrió el rostro con las manos y me dijo: «Lo siento. No quiero molestarla».

«No es molestia», dije. «Veo que estás muy dolida y, aunque no me conoces, te aseguro que puedes confiar en mí».

Titubeó por un segundo y de pronto se echó a llorar de nuevo. «¡Ahora se están besando. Lo vi besarla, más de una vez, en mi propia cara! Es mi novio, ¿por qué me hace esto? ¿Es que acaso soy tan fea? ¿Es que no soy... nada?».

Le noté la desesperación en los ojos y le tomé una mano forzándola a mirarme a los ojos. «Escucha bien, *mija*. No mereces que te falten el respeto de esa manera».

La chica retiró su mano y susurró con tristeza: «Pero él es todo lo que tengo. Él me hace sentir que existo».

Me di cuenta de que tenía que calmarla y hacerla sentir segura. «No necesitas a un hombre para sentirte bien. Necesitas buscar tu propia fuerza y confianza en tu corazón —dentro de ti— y no esperar que otro te lo dé, ¡y mucho menos de un tipo que se comporta como un idiota! Si dependes de los demás para saber lo que vales, siempre estarás confundida y dependerás de ellos. Mírate, *mija*. Eres una belleza. Mereces que te respeten como a una reina».

Continué hablándole. «Este club está lleno de mujeres lindas esta noche, pero no todas saben lo que ahora tú sabes. Eres bella, pero no solamente en lo físico. También eres bella dentro de tu alma». Apunté hacia la multitud de gente bella y me pregunté cuántas de esas mujeres que lucían tan felices vivían en situaciones imposibles. «Las mujeres nacen reinas de sus propios destinos. Tenemos poder absoluto sobre nuestro reino, el cual, simbólicamente, es nuestra vida. Tenemos poder sobre nuestros pensamientos, acciones y creencias. Sólo nosotras podemos decidir cómo seremos tratadas». Y le hice una pregunta que esperaba diera en el blanco: «¿Permitiría una reina que un hombre la tratara de la manera en que te ha tratado tu novio esta noche?».

Trató de sonreír y me respondió: «¡Claro que no!».

Llena de un renovado sentido de esperanza, me abrazó, y me dijo: «Nadie me había hablado de esa manera. Gracias por hacerme sentir bien, que soy valiosa ¡aunque mi novio sea un perro!». Me dijo que tenía una pregunta que hacerme: «Señora, usted no me conoce, ¿por qué dejó a sus amigos y se acercó a una desconocida para ofrecerle ayuda?».

Yo había escuchado esa pregunta con anterioridad. «Porque la mayoría de nosotras no sabemos que somos unas reinas», le expliqué. «Actuamos como las sirvientas de los demás y no hacemos ola para que nos quieran. Nos olvidamos de que la persona más importante en nuestras vidas somos nosotras mismas».

«Una reina», repitió. «Pero me suena vanidoso», dijo soltando una risita.

«*Mija,* cuando digo 'reina' me refiero a la mujer que reconoce su propia belleza y poder interno y toma control de su vida. Sé que muchas mujeres no se ven a sí mismas de esa manera porque nos han enseñado a creer que nuestro valor viene de afuera y de lo que los demás piensen de nosotras. La sociedad dicta que la única manera de medir nuestro valor es por lo que hacemos para otros, no por lo que hacemos por nosotras mismas».

Del rabillo del ojo vi que mis amigos observaban nuestra conversación. Me hicieron una señal para que nos acercáramos, y Melisa y yo caminamos hacia ellos. Pronto me di cuenta de que había cometido un error: se estaban preparando para tratar de conquistar a Melisa. Como si trataran de ilustrar lo que acababa de enseñarle, esos hombres la veían como una mujer sola y vulnerable, y pensaron que sería una presa fácil. Fingiendo preocupación, los muchachos le preguntaron si necesitaba algo. Ella dijo que no y procedió a ignorarlos, reanudando nuestra conversación. Me dio satisfacción ver que mis palabras habían dado en el blanco a velocidad vertiginosa. En vez de enfocarse en dos hombres disponibles a tres pies de distancia, ella prefirió seguir hablando de autodescubrimiento y poder.

«Quiero decirle algo, Yasmin», dijo al despedirnos. «Lo que me dijo se quedará conmigo para siempre. Es posible que esta noche haya perdido a mi novio, pero me he encontrado a mí misma».

Una mujer empoderada tiene la fuerza y la habilidad de verse a sí misma a través de sus propios ojos y no de los ojos de otro. Ella tiene la capacidad de apoyarse en su poder y no tratar de quitarle poder a otro. Esto significa que ella ha definido sus propios valores y sus verdades, y los vive. Ella no trata de crear sus valores y verdades basados en los valores y verdades de otros.

¿Y qué tiene que ver el poder con el amor? Si no tienes poder personal que incluya amor a ti misma y a otros, es muy difícil llevar una vida feliz. Recuerdo que durante una conversación, una colega me dijo que en su opinión, la felicidad es «momentánea» y se le sobreestima; se tienen momentos felices, pero eso de «vivir una vida feliz» en realidad no existe.

«Estoy en completo desacuerdo», le dije. «Sé que se puede vivir una vida feliz, porque yo la vivo. Por supuesto que existen complicaciones y situaciones desagradables en mi vida. Me da estrés como a cualquiera, pero mantengo una perspectiva que determina cómo me siento. Me siento agradecida por todo lo que llega a mi vida, aun las cosas malas. Sé que todo lo que me pase tiene el propósito de enseñarme algo, ya sea una demostración de lo que funciona o de lo que no funciona para mí.

»Si cada evento que ocurre en tu vida lo consideras como una bendición, puedes vivir en un plano de gratitud y felicidad. Si puedes encontrar el pozo de amor que tienes, y sacias tu sed emocional, serás más fuerte. El amor, la aceptación y el perdón son bálsamos para el alma. Cuando aceptamos el amor como un sentimiento *de* nosotras, *para* nosotras, nunca desaparecerá. La fuerza se convierte en una manera de ser independiente que mantenemos si abrimos nuestros corazones».

La cultura y los medios de comunicación: mentiras que nos oprimen

¡Qué dichosas fueron nuestras abuelas! En su época no existían cientos de canales de televisión, ni decenas de revistas femeninas que les mostraran que su apariencia no era correcta. Los medios masivos de comunicación de hoy día contribuyen a formar nuestros valores, necesidades e imagen propia. Y esa influencia no es siempre positiva.

A las mujeres nos bombardean con mensajes diseñados específicamente para nosotras con la intención de convencernos de algo o vendernos un producto: desde cómo lucir diez años más joven hasta el mejor método de conquistar la mugre en la cocina. Con sus mensajes nos dan gato por liebre para convencernos de cómo debemos lucir. La imagen idealizada de la mujer en televisión es una chica de menos de 30 años de edad, delgada y blanca, la cual parece tener mucho dinero. Jóvenes que parecen sufrir de anorexia llenan las páginas de las revistas de moda. Esto resulta en que mujeres de peso normal perciban sus figuras de una manera distorsionada. La actriz Courteney Cox, por ejemplo, parece pesar alrededor de 105 libras, pero pocos saben que Marilyn Monroe llegó a usar trajes talla 16.

Aunque la publicidad, el brazo más poderoso de los medios de comunicación, nos rodea, muchos creen ser inmunes a sus efectos. Esta actitud errónea es una de las razones por las cuales la publicidad es tan eficaz. El ciudadano promedio mira unos 3,000 anuncios diariamente. Casi todos los anuncios en los medios de comunicación van dirigidos a las mujeres y provienen de la industria de la moda, de la belleza y de los productos dietéticos y alimenticios. La supervivencia de esos medios depende de garantizarle a los anunciantes un alto nivel de lectores o teleaudiencia. Los directores de revistas, en una feroz batalla por ganar lectoras, saben que para vender revistas tienen que alimentar nuestras dudas o crear nuevas inseguridades, haciéndonos creer que tenemos problemas que en realidad no existen («¿Qué piensa él en realidad cuando te ve desnuda?»). Ponen bajo la lupa todas y cada una de las partes del cuerpo femenino para luego decirnos qué producto debemos comprar para arreglar, o al menos camuflar, nuestras numerosas «imperfecciones».

¿El resultado? Una disminución de nuestro poder y autoestima. Muchas mujeres comienzan a verse a sí mismas como objetos. Cuando te encuentras en una situación íntima con tu pareja, ¿te pones a pensar en cómo luces desde afuera en vez de enfocarte en la sensación que sientes *por dentro*? Cuando caminas por la calle, ¿vas pensando en cómo luces, en lo anchas que son tus nalgas, en vez de apreciar la belleza y la vida que hay a tu alrededor? La «auto-objectivización» puede hacernos sentir acomplejadas y humilladas al hacernos creer que nuestros cuerpos sólo existen para dar placer a otros.

¿Y Dios que tiene que ver con todo esto?

Cuando mi hija tenía cinco años de edad me preguntó: «Mami, ¿por qué papi va a la iglesia y tú no? ¿Es que no amas a Dios?».

«¡Claro que amo a Dios! ¿Por qué lo preguntas?».

«Porque en la iglesia nos enseñan que si no vamos a la iglesia quiere decir que no amamos a Dios. ¿Eso es verdad?».

«No, mi amor, eso no es cierto», le contesté. «Tu papi y yo creemos en Dios, pero de diferente manera. Ninguna está mal, solamente son diferentes. Cuando vas a la iglesia con papi, estás practicando una religión. A mí, eso no me funciona. Yo vivo mi vida a través de la espiritualidad».

«Pero, ¿cómo puede ser que las dos maneras sean buenas?».

«La manera de papi es buena porque funciona para él, y la de mami es buena porque funciona para ella. Existe más de una manera de adorar a Dios, y nadie puede decirte que la manera de ellos es la única que es buena».

La base del empoderamiento es la fe. Creo firmemente que sin fe, no existe el poder. Sin embargo, estoy consciente de que no tengo el derecho a definir tu fe. Eso te corresponde a ti. Para mí la fe es el ancla que me mantiene estable y centrada en mi propia fuerza. Me da la fuerza de saber que no importa lo difícil que puedan parecer ciertas circunstancias de mi vida, Dios no me dará más de lo que pueda soportar. No creo que necesite practicar una religión para tener una profunda relación con Dios, ni creo tampoco que nadie me diga cómo debe ser mi relación con Dios. En mi opinión, no existe una manera correcta o incorrecta de relacionarse con Dios. La única manera es tu manera.

Aunque creo que la religión establecida es beneficiosa para ciertas personas, me irrita ver que cada uno cree que su religión es la verdadera y todas las demás son falsas. Eso no tiene sentido para mí. Toda religión que rechaza otras maneras de adorar a Dios está actuando de juez. Piensa: ¿Dios querría que juzgáramos a otras personas por ser diferentes?

Religiosos de varias denominaciones gastan una gran

cantidad de energía, y a veces hasta derraman sangre, tratando de probar que su Dios es el verdadero Dios y que sus interpretaciones de sus santas escrituras pautan la manera correcta de vivir. Pero si eso fuera cierto, ¿Dios desearía que las mujeres, sus hijas que Él creó, fueran quemadas en la hoguera por ignorar reglamentos que las oprimen? En cierta manera, quemar mujeres en la hoguera no es una cosa del pasado, pues continúa sucediendo hoy día.

Tomemos el caso de Hatun Surucu, una joven inmigrante musulmana turca de veintitrés años de edad que vivía en Alemania. Su hermano la asesinó en febrero del 2005 porque según él, ella se estaba occidentalizando demasiado. Hatun había dejado de usar el velo, rehusó vivir con su familia, y declaró su intención de «crear su propio círculo de amistades». En otras palabras, ella murió por tratar de recuperar su poder en contra de las limitaciones culturales y teológicas de su religión.

Yo rehúso creer que hay que temer a Dios. No me parece que debemos tener miedo del mismo Creador que está allí para protegernos. El nombre de Dios se ha usado durante siglos para perpetuar el miedo y la vergüenza, especialmente entre las mujeres. Con un sistema de valores basado en culpabilidad y vergüenza, ¿cómo podemos llegar a ser mujeres que creemos en nosotras mismas? Y si Dios nos ama, ¿por qué querría que viviéramos ese tipo de vida?

En el próximo capítulo encontrarás las herramientas necesarias para convertirte en una mujer espiritual y empoderada del siglo XXI.

3
SI TUVIESE UN MARTILLO:
UNA CAJA DE HERRAMIENTAS PARA LIBERARNOS

«Estuve atrapada en un matrimonio abusivo por diez años antes de encontrar el valor de alejarme. El libro *Dando poder a las latinas* cambió mi vida y me dio las herramientas y el aliento que necesitaba para no permitir que los obstáculos de mi pasado me prohibieran creer en mí misma. El libro me ayudó a entender mejor quién soy y lo que soy capaz de hacer para alcanzar mis objetivos. La historia de Yasmin Davidds fue una inspiración que me dio una nueva perspectiva de la vida. Me dio esperanzas para perseguir mis sueños y abrazar al mundo en vez de temerle».
—Victoria, una lectora y participante en uno de mis talleres

El trabajo de la mujer nunca termina

Todas tenemos una cosa en común: la fe en nosotras mismas. La manera en que percibimos nuestra imagen y nuestro papel, la manera en que pensamos cómo debemos ser han sido influenciadas directamente por los mensajes que de niñas, y quizás hasta de adultas, recibimos de nuestras familias y comunidades. Estos mensajes, verbales y noverbales, pueden ser negativos o positivos, pero son increíblemente fuertes.

De pequeñas, nuestra familia representa nuestra realidad total, y decidimos quiénes somos y cómo nos relacionamos con otras personas basándonos en la visión del mundo de nuestra familia. Muchas personas no se dan cuenta de que la gran parte de cómo nos sentimos, cómo vivimos y en qué creemos ha sido moldeada por las creencias de nuestros padres, quienes a su vez fueron moldeados por sus padres.

Esos mensajes heredados y que determinan nuestra actitud, juicio y percepción nos dicen quienes «debemos ser»; definen nuestros valores morales, relaciones, política, carreras, ética y actitud hacia la educación, la sexualidad y las finanzas. Cuando interiorizamos estos conceptos, estamos estableciendo nuestro sistema de creencias. Aunque nos parezca que algunas de esas creencias no tienen sentido, siempre encontramos una manera de racionalizarlas.

Desde que nacemos, a muchas de nosotras nos programan para creer todo lo que la sociedad dicta que es «correcto» para las mujeres. Cuando una mujer madura y comienza a cuestionar esas creencias, ella trata de cambiar, pero a menudo encuentra que no es posible. Las creencias impuestas por la sociedad se han convertido en parte tan integral de quienes somos que se nos hace imposible liberarnos de ellas. La doctora Christiane Northrup, autora de *Women's Bodies, Women's Wisdom,* lo explica:

> *Es importante entender que nuestras creencias son mucho más profundas que nuestros pensamientos, y que no podemos eliminarlas con un simple deseo. Muchas de estas creencias están en el subconsciente y no pueden ser alcanzadas por el intelecto. La mayoría de*

las mujeres no estamos conscientes de ciertas creencias
destructivas que son dañinas para su salud. Esas creen-
cias no surgen del intelecto, la parte que piensa y que
tiene el control; vienen de esa otra parte que en el pa-
sado se asentó y enterró en nuestras células.

A pesar de que *podemos* cambiar y liberarnos de esos poderosos sistemas de creencias y recuperar nuestro poder innato, no es fácil hacerlo. En realidad, se requiere la creación de un nuevo sistema de creencias. Primero, tenemos que ponernos en contacto con lo que está dentro de nuestro subconsciente; luego debemos entender de dónde vino, cómo se desarrolló, y cómo ha afectado nuestras vidas. A través de ese proceso, podemos determinar cuáles creencias necesitamos eliminar para poder convertirnos en mujeres completas. Por último, debemos reemplazar creencias dañinas y negativas con otras que sean positivas y nos enriquezcan el alma.

Debido a que nuestras creencias se han formado gracias a lo que hemos visto y escuchado, tenemos la tendencia de culpar a nuestros padres. Quiero enfatizar que a pesar de que nuestro sistema de creencias lo heredamos de nuestra cultura, de generación en generación, nuestros padres no lo inventaron para nosotras. Hay que entender que nuestros padres no traspasaron esas creencias porque no nos amaban sino porque esa era la única manera de amarnos que ellos conocían.

Quizás debido a esta arraigada conducta cultural, uno de los grandes problemas en muchas culturas es la falta de límites dentro de la estructura familiar. Los límites nos permiten crecer como individuos independientes sin sentirnos culpables, y nos ayudan a aprender que tenemos que ser fieles a nosotras mismas antes que a otros. Cuando las creencias culturales no nos alientan a cuidarnos a nosotras mismas primero, lo cual es la base del bienestar emocional, éstas se convierten en creencias tóxicas.

Es importante recordar que a pesar de que nuestras familias nos han influenciado, no podemos culparlos por la manera en que se ha desarrollado nuestra vida. Debemos indentificar cualquier obstáculo que nuestra familia pueda haber creado, y tomar los pasos necesarios para rebasarlo. Tenemos que sanar las heridas del pasado, lamentarlas, perdonarlas y seguir adelante. El poder personal es una herramienta para mejorar la vida y fortalecerla con tus creencias, sueños y esperanzas. Según vas construyendo tu poder personal, verás que se te hace más fácil tomar nuevas responsabilidades y confrontar las opciones que te presenta la vida.

Los siete principios de la liberación

El empoderamiento es un proceso que dura toda la vida y que va cambiando y ajustándose a los nuevos retos y situaciones que se presenten. Ahora que comienzas tu viaje hacia el centro de tu poder, debo ser brutalmente honesta: no será fácil. Pero muy pocas cosas que valen la pena se obtienen sin esfuerzo. El lograr cambios profundos en nuestras vidas requiere un verdadero compromiso y autocuestionamiento. Pero al crear una vida centrada en principios, una vida llena de integridad, amor, autodeterminación y respeto hacia ti misma, obligarás a otros a entender que lo tomas en serio.

La mujer verdaderamente empoderada vive de acuerdo a siete principios de los que nunca se desvía. Yo los tengo escritos en un papel que siempre llevo conmigo. Te sugiero que hagas lo mismo. Estos principios, que explico en más detalle más adelante, son los siguientes:

1. Yo soy dueña de mi vida.
2. Yo sé quién soy y en lo que creo.
3. Yo creo en lo que me da poder.
4. Yo vivo mi verdad.
5. Yo no me siento culpable de ser una mujer fuerte.
6. Yo me respeto a mí misma.
7. Yo hago primero lo que más temo.

Mientras vas en pos de tu poder, descubrirás que sentimientos diferentes saldrán a la superficie de lugares desconocidos dentro de tu ser. Puede ser que cuestiones muchas cosas en tu vida. Eso no es un problema, es parte del proceso; pero según procedes, ten compasión de ti misma. No te juzgues o culpes por lo que hiciste o dejaste de hacer. Como dije antes, tampoco debes culpar a tus padres por cualquier error que hayan cometido. Todo lo que ellos hicieron fue debido a sus conocimientos y a la manera en que los criaron. Tú estás leyendo este libro porque quieres lograr mejorías y sobreponerte al pasado. Sabes bien que está en tus manos aprender nuevas maneras de vivir tu vida y luego pasar ese conocimiento a la próxima generación.

Cuando termines de leer cada uno de los principios, di a ti misma: «Yo puedo hacer esto». Dilo con convicción y lo lograrás.

Principio 1: Yo soy dueña de mi vida

Una cosa en la vida sobre la cual no tienes opción es tomar opciones. La vida siempre te presentará retos, pero los problemas no son lo que determina tu vida, es como tú decides confrontarlos lo que cuenta en realidad. Nadie puede hacerte algo si no le das permiso para hacerlo o te pones en una situación de víctima.

De la única manera en que puedes mejorar tu vida es tomando completa responsabilidad por todos los aspectos de tu existencia. Ser dueña de tu poder quiere decir que debes aceptar que tú creas tus propias circunstancia —felices o infelices— y a fin de cuentas, eres la única persona que puede efectuar verdaderos cambios en tu vida. Tu único propósito debe ser el propósito que tú nombres; tu único destino, el que tú crees; y tu único plan, el que tú planifiques. Tú eres la autora, directora y protagonista de tu película. Por supuesto que otros pueden participar, pero tú tienes el control.

Es vital recordar que aunque puedes cambiar tu vida, no puedes cambiar la vida y conducta de otros. A menudo, el esfuerzo en sí es una pérdida de tiempo. Consuélate con saber que solamente eres responsable de ti misma. Al aceptar la responsabilidad de tu éxito y felicidad, te liberas de depender emocionalmente de alguien. Te vuelves independiente. La verdadera libertad surge del conocimiento de que nuestros problemas casi siempre son consecuencia de decisiones que hemos tomado anteriormente. Ten cuidado de echarle la culpa a otro o negar el papel que tú misma has jugado en una situación. Esto puede parecer un concepto difícil y abstracto, pero entiende que cada vez que buscas una excusa, le das la espalda a la verdad. Para vivir en vez de simplemente existir, tienes que estar dispuesta a aceptar el 100 por ciento de responsabilidad por tus decisiones, acciones y palabras; ni el 99.9 por ciento es aceptable.

La responsabilidad personal es fundamental para vivir

una vida empoderada. Sin ello no podrás vencer tus miedos, frustraciones y obstáculos que te afectan diariamente. Como ser humano autónomo, tú tienes la responsabilidad de aprender a ser una persona integral: bien alimentada espiritual y emocionalmente para cuestionar reglamentos y creencias que no tienen sentido, y para aprender todo lo posible sobre ser dueña de tu inherente poder y sus usos.

Principio 2: Yo sé quién soy y en lo que creo

Las mujeres poderosas obtienen el éxito cuando viven sus vidas en sus propios términos, y el primer mandamiento para tomar control de tu vida es: «Conócete a ti misma». Barbara McClintock, ganadora del Premio Nóbel de Fisiología o Medicina a la edad de ochenta y un años, dijo: «Cuando sabes que estás en lo correcto, no importa lo que piensen los demás. Sabes que tarde o temprano la verdad saldrá a relucir». Nadie te conoce o te entiende mejor que tú misma. Todas somos expertas en nosotras mismas, somos nuestras propias terapeutas, nuestras propias cultivadoras, y por lo tanto tiene sentido que cuando buscamos entendimiento y orientación, no hay nadie mejor a quien preguntar que a nosotras mismas.

Aquí hay una contradicción porque vivimos en una cultura de pericia externa. Nos han enseñado consistente y sistemáticamente que cuando tenemos una pregunta debemos dirigirla a alguien: padres, religiosos, doctores o amigos, para que nos den la respuesta, como si ellos nos conocieran mejor que nosotras mismas. Si bien es cierto que otras personas pueden saber ciertas cosas específicas que nos pueden ser útiles, nadie puede decir qué ocurre en nuestros cuerpos y mentes mejor que nosotras mismas. Por supuesto que buscar conocimientos o ayuda de afuera puede ser esencial, ya que no vivimos en un vacío, pero si te sientes insatisfecha con tu vida, debes, por lo mínimo, comenzar a buscar respuestas dentro de ti misma. Claro que mucha gente ha adquirido conocimientos sobre un sinnúmero de temas y todo el que esté interesado en aprender debe nutrirse de la sabiduría de esas personas. Nunca debemos cerrarnos a lo que otros puedan ofrecernos; solamente debemos ser cuidadosas y no tomar lo que digan como verdad absoluta. Podemos beber del pozo de conocimientos de la humanidad, integrar esos conocimientos a los nuestros lo mejor que podamos, pero con conciencia para decidir cómo debemos utilizarlos en nuestras vidas.

Existen dos métodos para conocerte mejor. Primero: escucha tu intuición, confía en tu voz interior y, siempre que tengas dudas, sigue la corriente de tu naturaleza. Segundo: busca en ti misma las respuestas a las preguntas realmente importantes. Utiliza la experiencia externa como guía, pero toma tú la decisión final. El conocernos a nosotras mismas puede asustarnos al principio. Más allá de toda expectativa y estereotipos bajo los que funcionamos de una manera u otra, se requiere valor para ser totalmente honesta con nosotras mismas. Nunca he conocido a alguien completamente satisfecha consigo misma o que no estuviera deseosa de explorar diferentes opciones. Experiencias previas pueden ofrecer lecciones invaluables, pero a menudo esas lecciones quedan ocultas porque tememos confrontar las emociones que acompañan los recuerdos de esa experiencia. Aun cuando te sientes cómoda con exploraciones profundas, admitir errores y aceptar la culpa puede ser sumamente doloroso.

En cuanto a decidir qué hacer con la información que

has adquirido, cómo integrarla a tu vida, qué significa para ti, y cómo reaccionar, hay un solo experto: tú.

Principio 3: Yo creo en lo que me da poder

¿Cuánto sabes sobre ti misma? ¿Alguna vez has tomado tiempo para considerar quién eres aparte de tu trabajo, tu familia o tus intereses? ¿Te has preguntado alguna vez cómo se formó tu sistema de creencias?

Cada una de tus creencias contribuye a formar tus experiencias. Tus pensamientos crean tu realidad. Te corresponde tomar control de esos pensamientos y crear una realidad satisfactoria. Si quieres descubrir la razón por la que no vives una vida que tú has escogido, hazte esta pregunta: «¿Cuáles de mis creencias contribuyen a mi falta de satisfacción?». Si de veras quieres descubrir la verdad, tendrás que pelar de una a una, como una cebolla, las capas de tu inconsciente hasta llegar a ella.

¿Cómo puedes dejar de decir: «Es que soy así» y comenzar a preguntarte: «¿Por qué soy así?»? Cuando te des cuenta de que tu sistema de creencias es el que causa que pienses como piensas. Recuerda que esas creencias no las inventaste tú; pero al aceptar que son una herencia cultural, no olvides evaluar el papel que tu sentido de la moral juega en ese contexto. Entiendo que puedas sentir cierto temor de cambiar tus creencias; es posible que pienses que eso puede destruir la esencia de quien crees que eres. Pero piensa: ¿tus creencias actuales reflejan realmente quien eres?

Principio 4: Yo vivo mi verdad

Cuando encuentras tu verdad personal y creas tu vida alrededor de esa verdad, alcanzas la serenidad. Vivir en tu verdad es hallar la esencia de tu ser, dándole todo su valor y permitiéndole que se manifieste por completo. Una mujer empoderada es una mujer que realmente ha hecho el esfuerzo de encontrar su verdad y se apoya en ella consistentemente. Ella basa su vida en la autenticidad.

Cuando éramos niños, vivíamos auténticamente, y raramente teníamos miedo o vergüenza de tratar de obtener lo que deseábamos o de expresarnos con franqueza. Como adultos, tenemos la tendencia de esconder nuestro *yo* verdadero para tratar de encajar, de complacer, ser notado, ser amado, etcétera, etcétera. Pero subconscientemente no hemos renunciado por completo al deseo de expresarnos libremente. Podemos conformarnos a las convenciones sociales, pero ocultar esos deseos no altera la realidad de que los tenemos. Es crucial no alejarse demasiado de la audacia y el interés personal de la niñez, pues son cualidades que te pueden ayudar, siempre y cuando no abuses de ellas.

La manera más sencilla de vivir tu verdad es dejar atrás las expectativas que otros tengan de ti y vivir a tu manera; no tomes decisiones basadas en lo que tu familia, los medios de comunicación o la iglesia digan. Cuando vives tu verdad, nadie puede disuadirte de seguir los dictados de tu corazón. Se trata de ser egoísta de una manera saludable, haciendo lo que sea mejor para ti, sin importar la opinión de los demás. Cuando vives con autenticidad, puedes tomar decisiones sin miedo, confiando en la sabiduría de tu alma.

En un mundo ideal, todas tendríamos carreras que nos hacen felices, todos podríamos decidir si queremos o no casarnos y tener hijos, usar la ropa que nos dé la gana, decir lo que se nos ocurra, y disfrutar de lo que quisiéramos sin temor a parecer que no estamos en la onda, o que ignoramos nuestros deberes, o que somos desvergonzadas. Claro que no vivimos en un mundo ideal, y todas sabemos que el compromiso y la comprensión son lo que nos hace civilizadas. Sin embargo, hay un espacio entre el compromiso, la comprensión y tu fe en tus creencias, donde nunca tendrás temor de expresar tu verdad y vivirla. Debido a que confías en ti misma, no habrá persona en el mundo que pueda tomar mejores decisiones que tú misma.

Cuando vives tu verdad, no hay necesidad de pretensiones. Todo lo que tú haces refleja tu autoestima y tu conciencia de ti misma. El negar tu verdad personal solamente conduce a sentimientos de fracaso e insatisfacción ya que, esencialmente, estás ignorando tu propio *yo*. Busca tu fuerza y ríndele honor. Descubre qué actividad o profesión te da placer, ya sea modas, ciencia, deportes o política. No dependas de otros, incluidas la prensa y la televisión, para crear tu opinión. Descubre lo que te apasiona probando cosas nuevas y cuando encuentres lo que te entusiasma, continúa haciéndolo. Pero recuerda que encontrar tu verdadero *yo* y tomar la decisión de recibirlo toma tiempo y esfuerzo. Con cada nueva verdad que aceptes sobre ti misma, con cada nueva acción que *refleje* quien realmente eres, encontrarás una paz interior que será un indicio de que vas por el camino correcto. Vivir tu verdad es la base de tu vida.

Principio 5: Yo no me siento culpable de ser una mujer fuerte

La única manera de ganar el juego de la culpabilidad es no jugarlo. Nunca des excusas de quien eres, y nunca sientas vergüenza de tu poder.

«Lealtad antes que nada» es un dicho común entre muchas familias y culturas. De niños nos enseñan que, sin la menor duda, la devoción a la familia y sus creencias vienen primero que nada. Pero las decisiones que se toman basadas exclusivamente en la lealtad, sin tomar en cuenta si son prácticas o éticas, pueden ser peligrosas. En demasiadas ocasiones, cuando tratamos de expresar nuestra independencia, nos hacen sentir culpables. Debido a que no tenemos otros conocimientos, nos dejamos arrastrar al juego de la culpa, con la esperanza de que tarde o temprano «ellos» nos entiendan y cambien. Continuamos buscando aprobación tratando de cumplir demandas que no son realistas, y después nos sentimos decepcionadas con nosotras mismas por intentarlo. Esta lucha constante nos quita la energía y la esperanza de obtener satisfacción.

Una gran cantidad de mujeres se ha acercado a mí buscando ayuda para «cambiar» a sus madres, maridos, hermanas, hijas, y otras personas que son parte de sus vidas. Siempre les digo: «No tienes control sobre si otra persona cambia o no. Cambiarán solamente si *ellos* deciden cambiar. A la única persona que puedes cambiar es a ti misma. No puedes depender de que otra persona cambie para ser libre. Tienes que aceptar que todos tenemos el derecho de ser quienes realmente somos». Cuando llegues al punto en que estés totalmente conectada con tu propia fuerza interna, tu intuición y tu verdad, ni siquiera se te ocurrirá sentirte avergonzada o dar excusas por la persona en la que te has convertido. Tu has tomado la decisión de cambiar. Otros reaccionarán a ese cambio. Debido a que esa conexión contigo misma te da tal autoconfianza y conciencia, otros comenzarán a notar que tu nueva fuerza es una bendición que realza tu ser. Las afirmaciones que aparecen en el Capítulo 8 te ayudarán a entender que puedes enseñar a otros cómo tratarte; puedes demostrarles que tú eres tan importantes como ellos.

Principio 6: Yo me respeto a mí misma

Tu cuerpo es tu templo, y dentro de tu alma vive tu poder superior, o tu intuición. Ambos necesitan ser alimentados. Muchas personas viven desconectadas de sus propios seres, especialmente de sus cuerpos. Exigimos mucho de la forma física que nos han dado, pero no la respetamos lo suficiente. Nos pasamos el día utilizando nuestra mente resolviendo problemas o haciendo planes, pero nunca sacamos el tiempo para sentirnos agradecidos por el poder de nuestro intelecto. Nuestras almas nos comunican mensajes sumamente importantes, que nos guían y nos protegen, pero raramente celebramos la inspiración de nuestra alma.

El autorespeto consiste en honrar todas y cada una de las partes de tu cuerpo y tu alma. Cuando tu cuerpo está cansado, debes dejarlo descansar. No debe sorprendernos que muchos cuidan mejor sus casas o automóviles que de sus físicos; están demasiado ocupados y distraídos para enfocarse en sí mismos. Es necesario participar activamente para mantener un balance saludable entre tu *yo* espiritual y tu *yo* físico; esto requiere el desarrollo de un autorrespeto saludable, que incluye enfrentarse a tu miedo a la vergüenza. Por suerte, el autorespeto te ayudará a confrontar todo tipo de miedo.

El autorrespeto también significa ser agradecido. Cuando te amas a ti misma, puedes disfrutar de tu habilidad de hablar por ti misma, de tener tus propias opiniones, de tomar decisiones sobre tu estilo de vida. La posibilidad de manifestar tu energía de una manera positiva es algo que vale la pena celebrar. Definitivamente, el autorrespeto incluye celebrar quien eres y darte crédito por tus logros. Cuando te amas y te conoces a ti misma, eso te parecerá la cosa más natural del mundo.

La gente te tratará de la manera en que tú permitas que te traten. Si quieres que otros te respeten, comienza por respetarte a ti misma. Eso quiere decir defenderte a ti misma y no permitir que te maltraten de ninguna manera. Aprender a respetarte a ti misma es un proceso largo, pero con cada paso que das por el camino correcto, contribuyes a tu bienestar.

Principio 7: Yo hago lo que más temo primero

Casi todas las decisiones que tomamos surgen del miedo o del amor. Un ejemplo: Vamos a trabajar porque amamos nuestro trabajo o porque tememos que si no vamos nos despedirán. Debes entender que tomar decisiones basadas en el temor debilita y que el 90 por ciento de las cosas a las que le tememos nunca llegan a ocurrir.

A veces el miedo protege, pero eso no debe ser una excusa para dejar que nos paralice. Para permitir que la vida nos dé sus bendiciones hay que dejar de luchar contra el miedo y el dolor. Te puedes anestesiarte para no sentir dolor, pero entonces estarás en un vacío, en la nada, y corres el riesgo de aislarte de la felicidad. La esencia de la vida es sentir y, por lo tanto, no podemos darle la espalda a una emoción sin perder las demás.

El secreto para confrontar tus miedos es recordar que los problemas son regalos atados con demasiadas cintas. Cuando aceptamos el regalo y cortamos todos los amarres, el miedo desaparece. Los retos son una invitación a aprender y una vez que reconocemos lo desconocido y comprobamos que no es tan malo como pensamos, el problema desaparece. El miedo puede ser la emoción que más limita a la mujer. El miedo lleva a perder oportunidades, a la preocupación y a una lenta sofocación del alma.

Lo siguiente es sumamente importante: Si has tratado todo lo posible para confrontar lo que temes (incluidos los ejercicios en el Capítulo 8) y continúas teniendo dificultades, hay un método del que siempre he dependido: Pídele ayuda a tu poder superior, ya sea Dios u otra fuerza que llames por otro nombre. Simplemente dices: «No puedo hacer esto yo sola. Abro mi mente y mi corazón para rogarte que me saques de esta situación. Haz a través de mí lo que sea necesario hacer».

Tu viaje hacia un nuevo *yo* espiritual

Los siguientes diez pasos están diseñados para ayudarte con el proceso de espiritualidad y autodescubrimiento. Al final, es tu decisión si deseas dar este viaje y adoptar una nueva manera de pensar o quedarte plantada donde estás.

1. Conciencia

Debes entender y aceptar que hay una fuerza más poderosa (tu poder superior) que te guiará a través de tus tragedias y te llevará a tus alegrías, ya seas cristiana, judía, católica, hindú o musulmana. Lo que importa es que este poder superior te permite sentir segura, protegida y poderosa. Recuerda, en la espiritualidad no hay un dios furioso o vengativo. Tu poder superior es amoroso, sereno y nunca juzga.

2. Consentimiento

Debes estar dispuesta a abrir tu corazón a lo que venga, ya sea felicidad, dolor, frustración, amor o ira. Muchas veces, debemos bajar nuestra guardia antes de poder sentir nuestras emociones. Para algunas de nosotras es casi imposible darle rienda suelta a nuestras emociones. Si logras desarrollar una espiritualidad saludable, ésta será tu ancla, te quitará el miedo y te ayudará a entender por qué sientes miedo. Es más, ese sentido de espiritualidad facilita encontrar la serenidad. Todos los días haz tres cosas que te den paz. Cuando logras definir tu propia paz es cuando vives desde tu alma.

3. Intuición

Confía en tu intuición, es la voz de tu poder superior. Tu intuición es la fuente de tu verdad personal y tu guía. Si sientes que algo no está bien, confía en ese sentimiento interno que casi nunca falla y puedes agradecerle a tu intuición que te protege. Esta fuerza misteriosa es sagrada y puede llegar a ti de diferentes maneras, porque en realidad es una fuerza innata que fluye dentro de ti. No temas explorar nuevas áreas de interés basada en cómo otros te puedan juzgar. Si tu intuición te dice que debes probar la meditación o tomar un curso de escritura o arte, ¡adelante!

4. Aprobación

Date permiso para explorar tus verdaderos sentimientos acerca de la religión, Dios y la espiritualidad. Hazte las siguientes preguntas:

- ¿Tus creencias religiosas vienen del fondo de tu alma, o son algo aprendido que nunca has cuestionado?
- ¿Esas creencias te animan a ser quien deseas ser, o te ponen limitaciones?
- Si tus creencias te frenan de vivir la vida que quieres vivir, ¿has cuestionado alguna vez el origen de esas creencias?

Toma tiempo para encontrar las respuestas verdaderas a estas preguntas. Ten paciencia. Una vez comienzas a formar tus propias ideas sobre la religión y la espiritualidad, debes asegurarte de que se conviertan en tu propiedad. No dejes que la opinión ajena, la culpa o asuntos familiares te disuadan de lo que en realidad crees y como tú quieres vivir tu vida con tu dios. Acepta tu fe y respétate a ti misma por reconocer tu poder interno, con el que naciste.

5. Verdad

Es sorprendente que algo tan simple se vuelva tan complicado. Vivir tu verdad es la manera más fácil, más tranquila y más feliz de vivir tu vida. Todas sabemos qué quiere decir vivir tu verdad, pero nos da miedo admitirlo porque nos da vergüenza confesar que estamos viviendo una mentira. Tú sabes cual es tu verdad. Tú sabes lo que te parece mal y lo que te parece bien. No importa lo que otros piensen. Puedes compartir tu verdad con otros o puedes sentirte satisfecha con saber que eres honesta contigo misma y que nadie te puede reprochar nada. No te juzgan, ni te juzgarán, por los juicios y opiniones de otros, especialmente de aquellos que viven atrapados en una red de mentiras. Es necesario que aprendas a reconocer la diferencia entre lo que te han dicho que es la verdad y lo que tu mente y cuerpo te dicen que es la verdad.

6. Opciones

Escoge tener personas en tu vida que te honren a ti y a tu proceso espiritual. Las personas que proyectan negatividad sólo frustrarán tu autodescubrimiento. ¿Puedes reorganizar tu vida creativamente para que puedas pasar más tiempo con personas positivas, haciendo cosas positivas?

Los primeros pasos son siempre los más difíciles, pero el investigar tus opciones los hace más familiares. Tú tienes el poder de cambiar cualquier aspecto negativo en tu vida. No necesitas dinero, ni una mejor oportunidad, ni suerte. Es tu voluntad y compromiso hacia ti misma de vivir una vida mejor lo que hace esto posible.

7. Amor

Permítete recibir amor, especialmente de ti misma. Entiende que tu poder superior, que se comunica contigo a través de tu intuición, nunca te causará tensión, presión o duda. Tu poder superior sólo te dará amor, conocimiento, energía y felicidad. Permítete ser quien en verdad eres; si no sabes quién eres todavía, sé quien siempre quisiste ser. Lo importante es evitar ser algo que otros quieren que tú seas. Busca participar en actividades que te hagan sentir orgullosa, después asegúrate de participar en estas actividades lo más frecuentemente posible.

8. Inmediación

Piensa que hoy es el primer día del resto de tu vida, y vive como si fuera el último día de tu vida. Si has cometido errores en tu vida, aprende de ellos, y jura no volver a cometerlos. Al final, tu pasado es solamente eso: polvo en el viento. Si siempre vives de acuerdo a un horario, saca tiempo para hacer algo espontáneo y nuevo.

9. Acepta al mundo

A muchas mujeres les han enseñado a temerle al mundo exterior, y esto ha limitado sus vidas y experiencias de una manera muy profunda. El mundo está lleno de posibilidades maravillosas. ¿Cuáles son tus más grandes temores? ¿Por qué les temes? ¿Sabes de dónde vienen tus temores? Si lo analizas, verás que la mayoría de tus temores provienen de la tradición y de un sentido de fracaso que la sociedad nos ha inculcado. Tu intuición es tu herramienta más confiable y más útil, y si la usas bien, puedes conquistar el mundo.

10. Fe

A veces es difícil saber si hemos encontrado la fe, debido a que se trata de un concepto abstracto. Si tratas de adivinarlo o cuestionarlo, puede ser frustrante. La solución es crear una completa y sólida confianza en ti misma que le permita a tu poder superior llenarte de fuerza cuando te sientas débil. Cuando confías en ti misma, todo es posible. Esa fuerza es tu poder superior, y tu fe es lo que la hace fuerte. Cuando logras conectarte con la fuerza de tu poder superior, no hay quien te detenga.

En el Capítulo 8, la sección de ejercicios de este libro, exploraremos estos pasos en más detalle.

4
QUE
EL PODER
SEA CONTIGO

«Una vez traté de ser yo misma, pero no funcionó…
Me di cuenta de que no tenía suficiente experiencia».
—Una participante en uno de mis seminarios

He descubierto que mientras más fracasos sufro, más aprendo, y que aprender lo que no funciona es tan importante como aprender lo que funciona para ti. En un momento en mi carrera, sentí la gran necesidad de buscar orientación sobre qué camino seguir. Leí docenas de libros, pedí consejos a amigos y profesionales, hasta contraté un asesor de negocios para ver si lograba tener una respuesta a mi interrogación. Esperé señales del otro mundo, y pedí a Dios que indicara una dirección. Pero mientras más buscaba *fuera* de mí, más deprimida me sentía. Todos los libros que leí decían lo mismo: «Debes buscar dentro de ti porque tú ya tienes la respuesta». Francamente, eso me pareció la cosa más estúpida que jamás escuché.

Pensé: «¿Cómo puedo tener la respuesta dentro, si yo no sé nada sobre ese negocio, si no tengo la experiencia necesaria?». Buscar respuestas en mi interior me parecía virtualmente imposible. ¿Cómo podía confiar en mí misma cuando no tenía la menor idea de lo que estaba haciendo? Entonces fue que vi la luz: se trataba de tener *fe y confianza.* Se trataba de confiar en lo que me dijera esa insistente voz interior, la que nos habla desde el corazón y el alma, no del cerebro, para saber cómo debía proceder.

Es importante saber distinguir entre esas dos voces que todos tenemos, porque a veces nuestra voz intelectual no tiene el mismo conocimiento instintivo que nuestra voz interior. Tu alma nunca te dará el mismo plan de acción que tu mente te dé, pero siempre te dará la *verdad;* no la verdad de tus padres o de tu jefe, sino tu verdad. Si aprendes a escuchar de verdad, como Luz en la siguiente historia, verás que tu alma te dará la respuesta.

La historia de Luz: nunca es demasiado tarde

Luz era una niña precoz, llena de esperanzas y sueños, arropada en el amor de su madre y su padre. Con tan sólo cinco años de edad, una edad en que las niñas se preocupan por sus muñecas y juguetes, ella le decía a cuantos querían escucharla: «Un día yo voy a ser la dueña y la presidente de una compañía muy grande. Yo soy como mi papi, yo tengo las ganas». Cuando cumplió diez años, los padres de Luz le dieron muchos regalos, pero uno en especial se distinguía del resto: una máquina Sno-Kone para hacer raspados. Inmediatamente, Luz se instaló en la acera frente a la casa de sus padres y empezó a vender raspados de tamarindo a diez centavos cada uno. Según los vecinos pasaban a comprar sus delicias heladas, la alcancía de Luz se fue llenando, y sus sueños empresariales y su seguridad en sí misma aumentaron. Se había hecho una empresaria y creía firmemente que ella podría alcanzar cualquier meta que se propusiera. A la edad de doce años, el cuerpo de Luz comenzó a desarrollarse. A diferencia de sus amigas, Luz se avergonzaba por la atención que sus nuevas curvas atraían. Ella evitaba a los muchachos, mientras que sus amigas parecían estar obsesionadas por el sexo opuesto. Luz comenzó a notar los cambios en su manera de pensar. Las muchachas ya no deseaban pensar en carreras profesionales. Le decían: «A los muchachos no les gustan las muchachas que son demasiado inteligentes». Día tras día, Luz veía a sus compañeras babearse por los chicos, soltando risitas tontas, abanicando las pestañas, y comportándose como si tuvieran las cabezas huecas. Luz no deseaba participar en ese jueguito y continuó actuando independientemente. Sin embargo, su independencia resultó en la pérdida de varias amistades. Los muchachos se burlaban cuando ella participaba en clase, la llamaban «lambiscona» y «la mascota de la maestra». A pesar de que Luz tenía aptitud para los deportes, debido a los cambios físicos y la actitud de sus compañeros de escuela, dejó de participar en actividades atléticas. Ya no las disfrutaba.

Actuar como una muchacha tonta e ingenua era una noción ridícula para Luz. Pero como muchos jóvenes de su edad, ella quería sentirse parte del grupo. Poco a poco, aunque no le parecía natural, comenzó a darse por vencida. Leía revistas de moda y se empezó a comprar ropas ajustadas y sexy, que aunque las encontraba incómodas, le hacían creer que era parte del grupo. Luz abandonó su espíritu independiente y comenzó a formar parte del grupo; para la época en que estaba en la secundaria, comenzó a hablar menos y a ocultar su verdadero *yo*. Dejaba que los muchachos pensaran que ellos tenían todas las respuestas, aun cuando estaban equivocados. Luz ya no era la niña franca, enérgica y confiada que vendía raspados en la acera. Ahora se concentraba en complacer a los que la rodeaban.

Después de la secundaria, Luz estudió una carrera en negocios en la universidad. Aunque iba por buen camino, el daño ya estaba hecho. Los mensajes que absorbió de adolescente serían difíciles de borrar. Durante su noviazgo con Thomas, Luz nunca habló acerca de sus aspiraciones, por temor a que su ambición lo asustara. Decidió que se lo diría más adelante, cuando la relación fuera más sólida. El día de su graduación llegó y pasó, y Luz aún no le había contado a Thomas acerca de sus planes para el futuro. Estaba muy ocupada planificando su boda para dejarle saber a él acerca de sus sueños y esperanzas.

Un poco después de la boda, Luz supo que estaba embarazada. Antes de que el bebé naciera, finalmente tuvo el valor de decirle a Thomas que deseaba establecer una agencia de empleos para ayudar a mujeres que llevaban cierto tiempo fuera del mercado laboral. Le explicó que con la ayuda de él, ella podría ocuparse del bebé y de su negocio. Luz quedó desencantada con la reacción negativa de Thomas. Él tenía sus propias opiniones acerca de cómo criar a los hijos, y creía que Luz debía quedarse en casa con el niño hasta que empezara a ir a la escuela. La disputa duró varias semanas hasta que Luz, cansada de discutir, y al no desear poner en peligro su matrimonio, dejó sus sueños a un lado una vez más.

Cuando su hijo, Carlitos, tenía tres años, Thomas le dijo a Luz que deseaba tener otro hijo. Él quería que Carlitos tuviera un hermano para que pudieran jugar juntos. Luz le dijo a Thomas que ahora que Carlitos estaba a punto de comenzar a ir a la escuela, era la oportunidad perfecta para que ella pudiera establecer su negocio. Thomas de nuevo no le hizo caso. Unos días más tarde, durante una reunión familiar, Thomas anunció que iban a tratar de tener otro bebé. Todos los presentes se alegraron y felicitaron a Luz por ser una esposa y madre tan dedicada. Cediendo ante la presión de su familia y su esposo, Luz volvió a hacer sus sueños a un lado para tener otro bebé.

Cuando su segundo hijo llegó a la edad escolar, Luz finalmente pudo disponer de algún tiempo para ella misma. Comenzó a leer sobre mujeres exitosas y trataba de imaginarse que era una de ellas, pero en su mente veía a una mujer mucho más joven. «¿Será demasiado tarde para mí? ¿Será que he derrochado los mejores años de mi vida?», se preguntaba. Se sentía muy cansada al final del día, después de llevar a los niños de un lado a otro y atender a Thomas cuando llegaba a casa, como para pensar en sus viejos sueños. Luz se estaba dando por vencida. Una mañana, después de dejar a los niños en la escuela, Luz visitó su antiguo vecindario. Llegó a la casa donde había crecido, salió del automóvil y caminó directamente al lugar donde vendía raspados cuando era niña. Empezó a llorar cuando la asaltaron los recuerdos de su niñez. «Dios, ¿por qué permitiste que abandonara mi sueño para satisfacer a un hombre? Ahora no tengo la energía para comenzar de nuevo».

En su mente, Luz escuchó una voz contestándole: «Ya has recibido el regalo del poder, la voluntad y la fuerza para realizar tus sueños; fue tu decisión no usar ese regalo. Al nacer, te fue dado un poder ilimitado para vivir la vida a plenitud, no para entregarlo a otros. Recupera ese poder, y encontrarás una fuerza renovada para realizar tu sueño». Por más de una hora, Luz estuvo sentada al borde de la acera, pensando en lo que acababa de ocurrir. El mensaje era claro y preciso. Para recuperar la felicidad y confianza en sí misma que tenía cuando era niña, Luz necesitaba redescubrir el espíritu de esa niña. Más importante aún, Luz se dio cuenta de que tenía que tomar las riendas de su vida y compartir su revelación con Thomas. Rezó para que él la apoyara, pero con o sin su apoyo, Luz había tomado una decisión: finalmente trataría de hacer de sus sueños una realidad. Al principio Thomas se sorprendió cuando ella le explicó sus planes, pero la escuchó con atención. Finalmente, al cabo de tantos años de matrimonio, Thomas apreció la fuerza de la mujer que tenía ante sí. Luz quedó muy complacida cuando Thomas tuvo que admitir que estaba muy impresionado por su convicción.

Ya lista para comenzar a hacer sus sueños realidad, Luz diseñó un plan de acción. Hizo una lista de todas las personas y cosas que habían influenciado sus decisiones desde que tuvo uso de memoria. Nombró a sus padres, sus hijos, sus amigos. Decidió que hablaría con cada persona en su lista y les pediría su apoyo y ayuda. Después hizo una lista de sus tareas diarias en el hogar, como limpieza y compras en el supermercado. La lista era larga. Ya que le era difícil ignorar o faltarle el respeto a esta nueva persona en la que Luz se había convertido, Thomas accedió a los cambios que debían ocurrir. Llegaron a un acuerdo. Thomas tomaría la mitad de las responsabilidades de la familia y el hogar hasta que el negocio de Luz rindiera ganancias, y pudieran costear emplear a alguien para que les ayudara con las labores domésticas.

Con este acuerdo, Luz finalmente puso a funcionar su cerebro y su educación, y estableció la empresa con la cual soñó toda su vida. Luz estaba radiante y se sentía feliz como nunca antes se había sentido. Thomas, por otro lado, comenzó a extrañar su estilo de vida anterior. Extrañaba los días en que Luz lo esperaba al regresar del trabajo con la cena en la mesa. Extrañaba los días cuando se relajaba frente a la televisión, con su esposa a su disposición. Le habló a Luz acerca de sus frustraciones y le rogó que dejara la compañía para que pudieran tener una vida familiar «normal» como la que tenían antes. Luz pudo muy bien haber cedido. Tarde o temprano, muchas mujeres son forzadas o persuadidas a entregar su poder, aun después de haberlo disfrutado. Pero Luz tenía mucha fe. Había redescubierto su poder personal y no lo iba a soltar de nuevo. Una noche, después de una larga conversación, Luz le dijo algo a Thomas que éste finalmente comprendió. «No te estoy pidiendo que des tu vida por mí, como lo hice yo por ti. Todo lo que pido es lo que me corresponde. ¡Tú tienes tu propia vida y tu carrera, y yo también quiero la mía! Me la merezco».

Cuando Luz encontró la manera de conectarse con su fuerza interna, aprendió a defenderse y a expresar su opinión, y a no aceptar que le dijeran «no», ni siquiera su esposo. Thomas se dio cuenta de que valía la pena escuchar la opinión de Luz.

Todo está en el enfoque. Cuando nos damos cuenta de la magnitud de nuestro poder, podemos lograr cualquier cosa, y podemos hacerlo con seguridad, gracia y paz mental. No tenemos que alienar o atacar a nadie, simplemente necesitamos saber qué es lo que más nos conviene y comunicarlo clara y honestamente a las personas que necesitamos convencer.

Qué quiere decir «ser dueña de tu poder»

Cada persona tiene poder sobre su vida, pero muchas malinterpretamos este poder y no lo usamos a plenitud. Permitimos que otros tomen decisiones por nosotras, o basamos nuestras decisiones en sus expectativas. Como resultado, algunas personas viven vidas infelices. Una mujer que reconoce su verdadero potencial se nutre de su *poder personal* y lo utiliza para tomar decisiones sobre todos los aspectos de su vida.

El poder personal viene de adentro, y cuando se acepta, sientes que no hay nada en este mundo que no puedas hacer. Ese poder ayuda a reconocer que todo en tu vida es una opción, y que tienes el control sobre cada una de esas opciones. El poder personal no tiene nada que ver con el ego o las posesiones materiales; está directamente relacionado con el amor que sentimos hacia nosotras mismas. Mientras más aprendemos a querernos, más poder tendremos para crear nuestro futuro sin que otros nos manipulen.

Aunque puede ser que no tengamos control de todo lo que sucede en nuestra vida, tenemos control de cómo reaccionamos a los sucesos. La negatividad es insidiosa y afecta nuestra paz mental día a día, si la dejamos. Las personas negativas pueden llevarnos a tomar decisiones peligrosas, y todos sabemos lo difícil que es, por varias razones, evitar la influencia de ciertas personas. Lo más hermoso del poder personal es que ayuda a desviar la energía negativa. Ayuda a mantener la perspectiva necesaria para hacer lo que te parece correcto a ti y a nadie más.

El poder personal te motiva a buscar la felicidad en vez

de quejarte y permanecer en una situación desagradable. Si sientes que las tradiciones que han formado tu vida te ahogan, necesitas sacar inspiración de tu poder personal para crear tus propias reglas sin sentirte culpable ni preocuparte si ofendes a otros. ¿Cómo puedes crear tus propias reglas? El primer paso es confiar en ti misma lo necesario para ser dueña de tu poder. Sé que este concepto puede parecer abstracto, pero en realidad lo que significa es que debes sentirte segura y protegida con las decisiones que tomes. La verdad es que puedes contar contigo misma mejor que con ninguna otra persona.

- Ser dueña de tu poder significa que te amas a ti misma.
- Ser dueña de tu poder significa que te sientes cómoda con tu poder.
- Ser dueña de tu poder significa que puedes alcanzar tus objectivos y seguir siendo una persona completa.
- Ser dueña de tu poder significa que no cambias tus características personales o dejas de hacer lo que disfrutas para complacer a otros.
- Ser dueña de tu poder significa que te mantienes en el centro de tu verdad en todo momento.

Después de todo, ¿de quién es esta vida?

La clave del empoderamiento es la habilidad de tomar buenas decisiones. Pero la mayoría de las mujeres han sido condicionadas a poner las necesidades de otros por encima de las suyas propias. Les han enseñado a tener una actitud *pasiva* ante la vida. Ellas se han forzado a creer que los hombres tienen la obligación de mantenerlas. Como resultado, las mujeres les han cedido a los hombres, automática y subconscientemente, su poder personal y su derecho a decidir. Esa pasividad crea sentimientos de ineptitud en muchas mujeres y las incapacita para tomar decisiones saludables por cuenta propia. En repetidas ocasiones, mujeres de diversos grupos étnicos y raciales me han dicho que ellas piensan que no son lo suficientemente inteligentes o fuertes para controlar sus propias vidas. Es de importancia crítica recordar que cuando no utilizamos nuestro poder personal, nos hacemos vulnerables ante las circunstancias y ante otras personas.

Por otro lado, cuando somos dinámicos en vez de pasivos, nos alimentamos de nuestro poder personal para que nos ayude a tomar nuestras propias decisiones, así se trate de algo simple, como decidir dónde ir a cenar, o tan importante como empezar una nueva carrera. Una mujer emprendedora busca alternativas en lugar de ofrecerle a otros su vida en bandeja de plata con los labios sellados.

Cada decisión que tomas afecta tu bienestar. Nunca es demasiado tarde para tomar la rienda, para comenzar a desarrollar y ejercitar tu habilidad de elegir y adoptar una actitud emprendedora. Actuar pasivamente y cumplir todos y cada uno de los deseos de tu pareja, posponer tus necesidades y deseos, o cambiar tu apariencia o comportamiento para que se ajuste al concepto que otros tienen de lo que es correcto o bonito o de moda, es totalmente inaceptable.

Cinco pasos hacia la liberación y el poder

Retomar el poder de manos de una persona o situación controladora es uno de los más grandes actos de valentía en la vida de una mujer. Aunque al principio puedas pensar que liberarte es una imposibilidad, te garantizo que vale le pena. Las famosas palabras del Presidente Franklin Delano Roosevelt dan en el clavo: «A lo único que hay que tenerle miedo es al miedo mismo». Los beneficios de la libertad personal son monumentales, y puedes disfrutar de ellos progresivamente según vas rompiendo las cadenas que te atan a una vida de pasividad.

La libertad y el poder personal van de la mano. Libertad quiere decir vivir tu vida como tú decidas, y demuestra el poder que tienes sobre tus acciones. Para comenzar el proceso de empoderamiento, tienes que creer en esto firmemente, y seguir los cinco pasos siguientes:

Paso 1. Conocimiento

Debes conocer quién es y qué es lo que tiene más poder sobre ti. ¿Qué tipo de poder tienen sobre ti? ¿Cómo es que tienen ese poder sobre ti? ¿Por qué tienen ese poder sobre ti? ¿Cuándo tienen el mayor poder sobre ti?

Paso 2. Entendimiento

Para poder seguir, tú debes entender por qué les permites tener ese poder sobre ti. Recuerda que nadie puede tener poder sobre ti sin que tú se lo permitas. ¿Estar bajo el poder de otro te hace sentir segura? ¿Tú lo permites para que ellos no se enojen? ¿Lo haces para alimentar su ego? ¿Lo haces para mostrarle tu amor? Definitivamente hay una «recompensa» para que tú le permitas a alguien tener poder sobre ti. ¿Sabes cuál es? Es importante que encuentres la respuesta, para que esta «recompensa» pueda ser reemplazada con un comportamiento saludable. Identificar el beneficio que recibes al permitir que alguien controle tu vida es la clave de este proceso.

Paso 3. El deseo de cambiar

A menos que tú tengas un deseo grande y real de recuperar tu poder personal, esto nunca pasará ya que te darás por vencida en el momento en que tu controlador se resista. Tu pasión por cambiar es lo único que te ayudará a salir adelante.

Paso 4. Planificación

Debes crear un plan estratégico con los detalles de cómo puedes recuperar el control sobre tu vida. Este tipo de plan te ayuda a determinar exactamente qué objetivos deseas alcanzar; por ejemplo, ser más firme, obtener una educación, o decirle «no» a un familiar. Tu plan debe incluir estrategias para alcanzar tus objetivos de empoderamiento, un itinerario para lograrlos y qué hacer una vez los hayas logrado. Puedes ver una muestra de este tipo de plan en el Capítulo 8.

Paso 5. Implementación

Una vez has diseñado tu plan, tienes que ponerlo en acción. Cuando comiences a recobrar tu poder personal, comenzarás a sentir que tienes más control sobre tu vida. Poco a poco, tu plan dejará de ser un «plan» porque se convertirá en tu vida.

Estos cinco pasos pueden parecer simples, pero requieren introspección, disciplina y esfuerzo. Nada que vale la pena es fácil. Existe una gran cantidad de pasos que puedes dar para recuperar tu poder, pero deben tener sentido para ti y llevarte a realizar *tus* sueños, no los sueños que tu familia o tus amigas tengan para ti. Tú tienes una visión de tu vida adulta desde que eras una niña y no debes comprometerla por ninguna razón. Cuando una mujer fuerte pone toda su mente, corazón y voluntad en algo, ella puede lograr sus deseos (a pesar de lo que le puedan haber dicho en el pasado). Tu tarea es alimentarte a ti misma, hacerte preguntas que te ayuden a separar los mensajes que has recibido por años. Eres tú quien debe tomar las decisiones que amplíen tu poder personal y tu libertad, así se trate de terminar una relación amorosa, dejar un empleo o decirle a tu hermana que no puedes atender sus niños todos los diás. Es tu responsabilidad aprender qué es lo que mejor te conviene y partir de ese conocimiento.

La fórmula no tan secreta

Durante mi segundo año en la universidad, por fin le pregunté a mi madre durante una conversación que por qué había decidido quedarse con un hombre infiel por tanto tiempo. «No podía dejarlo, porque él era todo lo que tenía», me dijo.

«¿Y tú? ¡Tú te tenías a ti misma!», dije algo indignada.

«Yo de veras creí que tu padre me cuidaría toda la vida, así que pensé que no necesitaba de una educación. Quería dejarlo, pero no podía. Si lo dejaba, ¿cómo podría proveerles a mis hijas una buena vida? Me vi forzada a quedarme en un matrimonio infeliz porque él pagaba las cuentas. *Mihijita*, hagas lo que hagas en tu vida, recuerda que un hombre no es tu salvación. ¡La educación es tu salvación!».

Desde ese día en adelante, la confesión desgarradora de mi madre alentó mi deseo de estudiar mucho y terminar mis estudios. Pensé que ninguna mujer debe tener que hacer un sacrificio como ese para que sus hijas no tengan que hacer lo mismo en el futuro.

La fórmula para evitar un dilema de este tipo consiste de seis pasos obvios.

1. Edúcate

Como vemos en la historia de mi madre, la educación es el instrumento más importante para la mujer que quiere tener una vida independiente, exitosa y satisfactoria. Un diploma no sólo conduce a empleos más prestigiosos y mejor pagados (y por lo tanto que dan más satisfacción), sino que también la acción misma de aprender nos ayuda a fortalecer nuestras emociones y a prepararnos para enfrentar los retos que nos presenta la vida. Cuando terminamos una tarea o leemos un libro, conocemos a una persona fascinante o aprendemos algo nuevo, nos sentimos mejor con nosotras mismas. Es de suma importancia entender que no tienes que ser una adolescente o tener veinte ó treinta años para emprender estudios universitarios. Las universidades de todo tipo están abiertas a toda clase de gente, no importa su edad. Ya sea que quieras un diploma, o sencillamente quieras aprender cualquier materia que te interese o que mejore tus posibilidades de un ascenso en el trabajo, tomar clases abre nuevos mundos. Y lo más importante es que te sube la autoestima.

2. Invierte en ti misma para el futuro

Una de las razones principales por las cuales muchas mujeres posponen su educación es la gratificación a corto plazo. Tomar decisiones para obtener resultados inmediatos es un obstáculo para alcanzar objetivos a largo plazo. En lugar de mirar al frente para lograr un objetivo, optan por la recompensa instantánea. Si decides trabajar a tiempo completo después de graduarte de la secundaria en vez de continuar tu educación, el cheque de tu salario es una atracción a corto plazo. Desdichadamente, al mismo tiempo le pones un límite a tu valor en el mercado laboral, ya que con un diploma de secundaria tu salario no aumentará mucho en los años subsiguientes, no importa cuán duro trabajes. Además, sin un diploma universitario o adiestramiento técnico, será extremadamente difícil ahorrar para tu retiro, la educación de tus hijos o la compra de una casa o un automóvil.

No hay manera de evitarlo: tienes que incorporar la paciencia a tu personalidad para planificar tu vida basada en satisfacción a largo plazo, que incluye lograr metas que mejorarán la calidad de tu vida. Continuar tus estudios seguidamente después de la secundaria significa que quizás no tengas dinero extra para ir al cine, pero diez años más tarde es posible que seas la propietaria de un cine. Con un plan de satisfacción a largo plazo, tus posibilidades no tienen límites.

Para poder tomar decisiones, es necesario que creas que tienes alternativas. Está en tus manos crear esas alternativas para que nunca te sientas atrapada. Aun si tomamos malas decisiones, siempre aprendemos algo de la experiencia. Cuando te sustentas de tu poder personal para hacer tus propias decisiones, dejas atrás el pasado y miras con esperanza hacia el futuro. Si la universidad no es una decisión conveniente para ti, hay otros caminos hacia el éxito. Según tu amor a ti misma crece, verás que se te hace más fácil encontrar tu camino, reconocer lo que te hace feliz y tomar la decisión correcta.

3. Acepta la responsabilidad personal

En el pasado, el concepto de la responsabilidad personal no existía, y con buena razón. Nuestros antepasados no tenían la opción de una vida emocional saludable. El objetivo principal era sobrevivir, y cada acción que se tomaba era una responsabilidad comunal para lograr ese objetivo. En la jungla, la gente trabajaba junta, aunando fuerzas para aumentar la posibilidad de sobrevivir. A pesar de lo mucho que a algunos hombres les gustaría mantener la cultura de los cavernícolas, los tiempos han cambiado. Hoy día, manifestamos nuestro individualismo y aprendemos a establecer límites entre nuestra vida y la de los demás, especialmente la familia.

A menudo me preguntan sobre este tema de límite o fronteras. Una de las preguntas más comunes es: «¿Puedo establecer límites y ser una persona amorosa al mismo tiempo?». La respuesta es, sí. Es más, si tomas tiempo para cuidarte y amarte a ti misma, pasarás menos tiempo preocupada y sintiéndote mal. El resultado será que tendrás más que ofrecer porque *eres* más.

Otra pregunta que me hacen con mucha frecuencia es: «¿Qué pasa si mi esposo o amistades se enojan o se sienten heridos por mis nuevas fronteras?». A veces nuestras familias y amistades confunden el establecimiento de límites con el egoísmo. Las relaciones familiares son tan importantes emocionalmente que a veces tomamos una actitud pasiva para complacerlos e ignoramos nuestras necesidades. Si no ponemos límites, el caos emocional puede arruinarnos la vida. Debemos tener la habilidad de ver la diferencia entre el egoísmo y el individualismo; y más aun, tenemos que ser capaces de hablar con confianza con nuestras familias sobre esas diferencias. Pero cuidado, algunas personas van a tratar de cruzar tus fronteras para comprobar si tu decisión es verdadera. Una vez trazas tus límites, tienes que respetarlos. Adherirse a las nuevas posiciones es difícil, particularmente para las mujeres que se aferran a sus sentimientos de culpabilidad y vergüenza. En los ejercicios del Capítulo 8 trabajaremos en despojarnos de esos sentimientos negativos.

Otro miedo común es el aislamiento. ¿Si trazamos límites, nos separarán de las personas que amamos? Todas conocemos mujeres que se quedan en relaciones dañinas por miedo a quedarse solas. Para combatir este temor, debemos revelar la verdad, abrirnos a personas que nos apoyen. Necesitamos información y empatía para sobrepasar las imágenes negativas grabadas en nuestra memoria por una cultura que tiene la tendencia de no respetar los límites.

En momentos como estos, comadres, es que nos necesitamos una a la otra. Demarcar fronteras puede dar miedo, y es esencial tener un sistema de apoyo. Habrá momentos en que nuestro sentido de culpa supeditará lo que nos conviene, y necesitaremos a alguien a quien acudir para que nos dé valor, comprensión y apoyo moral. Nunca estarás sola en tu viaje; hay millones de mujeres alrededor del mundo que luchan con los mismos problemas que tú.

Aprender a demarcar nuestro terreno puede tomar tiempo. No tenemos control sobre lo que otros piensan, ni podemos controlar cómo van a reaccionar ante nuestras nuevas fronteras. Sólo tenemos nuestra responsabilidad personal para apoyarnos, y eso es suficiente. Claro que cualquiera necesita una explicación, así que es legítimo que te sientes con tu familia (en conjunto o individualmente) y les digas que has decidido crecer y comportarte como una mujer. Puedes explicarles a amigos y familiares que has tomado la decisión de ser dueña de tu poder personal y que esperas que ellos respeten tu decisión. Si tropiezas con una muralla, si la reacción es negativa y encuentras que algunas personas rehúsan a respetar los límites que has trazado, quizás debas considerar reducir tu interacción con esas personas. Tú eres más importante. Tu responsabilidad hacia ti misma debe venir primero: esa es la definición de la responsibilidad personal.

4. Aprende a decir que no

«No» es una palabra pequeña en casi todos los idiomas, pero puede ser la palabra más poderosa que una joven puede aprender. «No, no quiero jugar ese juego», «No, no quiero subirme al carro con usted», «No, no quiero que me toque ahí», son oraciones que deseamos que todas las niñas sepan decir en ciertas situaciones. Lamentablemente, muchas han olvidado usar esa palabra.

Cuando enseñamos a nuestros hijos a expresarse y decir «no» cuando se sienten amenazados, ellos están aprendiendo también a defenderse y protegerse. Como adultos se sentirán cómodos si tienen que decir: «No, no dejaré que me falten el respeto», «No, no estoy de acuerdo con usted», y el «no» más importante que pueden decir: «No, no seré una víctima».

5. Enchúfate a tus fuerzas

Por definición, «valor» es hacer lo que crees correcto aunque sientas miedo, ansiedad, preocupación, duda e indecisión. El valor reside dentro de todas las personas y a pesar de que es una característica admirable, para las mujeres es algo más complicado. En muchas culturas, ven a la mujer que toma una posición valiente para vivir su vida en sus propios términos como una persona irrespetuosa y hasta blasfema. Se supone que solamente los hombres tienen valor.

Piénsalo. Somos descendientes de una larga lista de mujeres valientes, mujeres que han vivido a través de terribles tragedias y quebrantos. Entonces, ¿qué es lo que nos detiene y no nos permite manifestar nuestro coraje para vivir vidas más satisfactorias ahora que vivimos en un mundo más avanzado? Miedo. Miedo al abandono, miedo de no ser amadas, miedo de que nos vean como seres egoístas o irrespetuosos. Estos son los sentimientos que en el fondo nos mantienen encadenadas. Tenemos miedo a que nos juzguen de ser malas madres, hijas, esposas o trabajadoras, y por eso toleramos una manera de vida que nos duele. Nos aferramos a nuestros maridos e hijos adultos porque no sabemos cómo nos vamos a sentir si los soltamos.

Muchas mujeres se sienten incómodas o no están familiarizadas con la idea de dedicar tiempo y energía a sí mismas. Por lo tanto, los tres retos más importantes que confrontan son:

- Creer de verdad que está bien, que es correcto, amarse a sí misma.
- Eliminar miedos creando un sistema de creencias que la honren. Esto quiere decir descubrir en el subconsciente creencias que ya no funcionan y remplazarlas con nuevas creencias que sean efectivas.
- Deshacerse de responsabilidades que ya no le pertenecen.

Las mujeres tienen la tendencia de hacerse cargo de los problemas de todo el mundo como si fueran suyos propios, pero a menos que no paren de tratar de resolver los problemas de otra gente, nunca serán verdaderamente libres. Claro que es bueno y compasivo servir de apoyo a la familia y las amistades, ayudar a alguien con un problema o situación, pero es otra cosa preocuparse, sufrir, llorar y enfermarse tratando de resolver problemas, enredos y dramas que no te pertenecen. Sobre este tema, podemos seguir el ejemplo de los hombres. A menos que dejemos a nuestros seres amados resolver sus propios problemas, nunca aprenderán la lección. En cada problema hay una lección que aprender; dejemos que sea la lección de ellos.

6. Sé tú misma

Tomar la opción de convertirte en quien eres en realidad, quien se supone que seas, es el primer paso para alcanzar esa meta. Igualmente importante es hacer un compromiso contigo misma y cumplirlo. Si logras encontrar suficiente amor en tu corazón para amarte a ti misma y aceptar tu poder innato, serás testigo de un milagro. Si tuviera que resumir en una oración la fórmula secreta para recuperar nuestro poder, sería así:

Tienes que tener la voluntad de hacer todo lo que sea necesario.

Suena fácil, pero todas sabemos lo complicado que puede ser cambiar nuestras vidas. Tener la voluntad de hacer todo lo que sea necesario quiere decir nunca darse por vencida cuando vamos en pos de lo que queremos (dentro de los límites éticos y legales, por supuesto). Hacer todo lo que sea necesario quiere decir que aunque tu esposo te deje, pierdas tu trabajo, tu mejor amiga te dé la espalda o pierdas todo lo que tienes, tú te negarás a ceder o a darte por vencida. Irse por otro camino temporalmente, perder algo de tiempo o tomar un descanso es parte del proceso, pero hacer todo lo que sea necesario para conectarte con tu poder es una decisión mental, una actitud comprometida.

Una vez te das cuenta que mereces una vida mejor y haces el compromiso de cambiar, ciertas frases comunes —«Cuando Dios cierra una puerta, abre una ventana», «Después de la tormenta viene la calma»— comienzan a cobrar sentido. Cuando proyectas una energía positiva y de empuje hacia delante, atraerás a personas y circunstancias que facilitarán tu viaje. Encontrarás individuos que te alentarán, y a lo largo del camino encontrarás pistas y señales que confirmarán que vas por el camino correcto.

Digamos que has tomado la decisión de salirte de una relación abusiva. Por primera vez notarás claramente las personas que te pueden ayudar, ya sea un grupo de apoyo que viste anunciado en el periódico local, o una señora que conociste en el supermercado que está pasando por la misma situación que tú. No es que estas posibles fuentes de apoyo no existieran antes; es que nunca te habías fijado en ellas, nuestros cerebros pueden ser muy selectivos. Pero una vez te comprometes al cambio, no puedes dejar de visualizar el éxito. ¿Cómo será alcanzar el amor a ti misma y el poder personal? ¿Cómo afectará tu vida?

En su libro *The Courage to Be Yourself,* Sue Patton Thoele sugiere escribir lo siguiente en una tarjeta de tres-por-cinco pulgadas y pegarla en tu refrigerador o espejo, o llevarla en tu billetera: «¡Nadie dijo que sería fácil!». Muy a menudo confrontamos retos que parecen imposibles y nos retiramos porque pensamos que esos obstáculos significan que, de algún modo, somos malas o débiles, o el mundo está en nuestra contra. Esa es una actitud de víctima, queridas amigas. Pero aun, si aceptamos esa mentalidad de víctima, nunca descubriremos lo fuerte y creativas que realmente somos. El cambio no es fácil, pero si evitamos las dificultades de la vida, nunca conquistaremos el miedo. Cuando confrontamos un reto y ganamos, o cuando nos sobreponemos al miedo, o no dejamos que nos falten el respeto, sentimos la emoción del poder personal.

Las mayores recompensas de la vida nos llegan cuando nos arriesgamos, cuando aceptamos el reto de ser la mejor persona que podemos ser. Primero lo haces por ti y después por otros. Ya tienes el valor dentro de ti, sólo necesitas aprender cómo conectar con él y confiar en él.

5 AMORES QUE MATAN:

EL SEXO COMO ARMA DE DESTRUCCIÓN MASIVA

«Cuando soy buena, soy muy, muy buena;
pero cuando soy mala, soy mejor».

—Mae West, actriz norteamericana de los años treinta

En casi todas partes del mundo, se espera —y a veces hasta a la fuerza— que las mujeres sean «buenas» para ser amadas y aceptadas. En la cultura latina, por ejemplo, se supone que vivamos de acuerdo a la «buena regla» toda la vida: buena hija, buena esposa, buena madre. Pero una nueva generación de mujeres empoderadas responde con una trompetilla a estos rígidos papeles. Sin duda, las jóvenes de hoy día quieren una vida que incluya más diversión, pero ¿sabemos cómo divertirnos? Al menos en lo relacionado con la diversión en la cama, parece que nadie se está riendo.

La historia de Diana

Después de quince años de matrimonio, Diana decidió divorciarse. Con la esperanza de empezar su vida de nuevo, perdió veinte libras de peso y se concentró en salir y divertirse. Finalmente se sentía liberada, en control de su vida, y que tenía una nueva perspectiva sobre la vida, los hombres y el sexo. Diana tomó una decisión: se sentiría libre de tener relaciones sexuales casuales. Sería divertido y tenía que admitir que se sentía fabulosa cuando un hombre la encontraba atractiva. Si los hombres pueden tener sexo sin compromiso, ¿por qué ella no podía hacer lo mismo?

Esa decisión la hizo sentir poderosa, al principio. Una noche en un bar, Diana conoció a Mark. Pensó que era el regalo perfecto: bien parecido, dulce pero fuerte. Conversaron por horas dándose unos tragos, intercambiando chistes y riendo. Él parecía muy interesado y Diana supo enseguida que sería suyo esa noche, pero lo pensó dos veces y decidió esperar hasta la segunda cita. A la noche siguiente se encontraron para cenar y poco después estaban en cama en la casa de Diana. Se sentía emocionada, ya que sintió una verdadera conexión con Mark, y el encuentro sexual había sido placentero. Satisfecha con la experiencia, se quedó dormida, pero a las tres de la mañana Mark la despertó sin querer cuando trataba de escurrirse de la casa. Le dijo que tenía que trabajar temprano y le prometió que la llamaría.

Pasaron tres días y Mark no la llamó. Diana estaba molesta, aunque no quería admitirlo. Después de todo, ahora ella estaba jugando con las reglas de los hombres. Se resistió a que sus emociones la dominaran. Al quinto día sonó el teléfono. Era Mark, que con voz relajada y alegre le dijo que había pasado un rato maravilloso con ella. Diana se sintió eufórica cuando él sugirió que se encontraran de nuevo, a pesar de que él no estaría disponible hasta dentro de una semana. Diana colgó el teléfono y no pudo ignorar sus sentimientos. Se sentía aliviada y aturdida, aunque el horario de Mark le pareció extraño. Dos semanas más tarde él volvió a llamar, cenaron juntos y una vez más, terminaron entre las sábanas. Y al igual que la vez anterior, Mark se marchó por la madrugada con la promesa de llamarla en un par de semanas para «conectarse» de nuevo. Diana dio una sonrisita y en cuanto Mark se marchó, se echó a llorar. «¿Qué me pasa? ¿Por qué estoy tan triste?», se preguntó.

Sus emociones se habían apoderado de ella. Lo cierto es que Diana se sentía usada debido a que la estaban usando. Su intención original fue ingresar a las filas de los «usuarios», no verse involucrada emocionalmente. Mark había tenido éxito en mantener su distancia, pero Diana había fracasado; y esa es la diferencia entre los hombres y las mujeres. Los hombres pueden disfrutar una relación sexual en términos puramente físicos, sin una pizca de vergüenza o inversión emocional, pero la mayoría de las mujeres son incapaces de hacer lo mismo. Algunas creen que pueden separar sus emociones de su sexualidad, pero a fin de cuentas, terminan con una sensación de vacío y disgusto por haberse entregado tan fácilmente, por dejarse ser usadas, por no haber sido respetadas y apreciadas. Diana obtuvo lo que creyó que quería, pero había cometido un gran error: Creyó que ser una mujer liberada y dueña de su sexualidad significaba que tenía la habilidad de disfrutar del sexo casual, cuando en realidad lo que ella deseaba era afirmación, aceptación, afecto y el éxtasis de ser amada (el mejor de los éxtasis).

Prisioneras del sexo

Todas las culturas tradicionales han sido influenciadas por los hombres, debido a que ellos usualmente ocupan las posiciones de autoridad en todo el mundo. Quizás por ello, la mayoría de las religiones subrayan que la procreación es la razón primordial (y a veces la única razón) por la cual las mujeres tengan relaciones sexuales. Tales mandatos no son otra cosa que un método de control. A las mujeres se les ve como puras o mujeres fáciles cuyo apetito sexual debe suprimirse. Esta confusión entre sexualidad y moralidad ha hecho mucho daño, y no debe sorprendernos que tantas mujeres llegan a la edad adulta sintiéndose incómodas, avergonzadas, dudosas, mal informadas y pecaminosas sobre el sexo en general. A muchas nos enseñaron que «las niñas buenas» ni siquiera piensan en tener sexo antes del matrimonio; y luego, como por milagro, se espera que el sexo pierda todas sus feas connotaciones y se convierta en una experiencia gloriosa, siempre y cuando sea con su esposo.

De niñas, muchas aprendimos a través de mensajes culturales y religiosos que no debíamos preguntar sobre el sexo o nuestras «partes privadas». Como mujeres temerosas de la desaprobación, fuimos cuidadosas en mantener nuestra curiosidad secreta. Para complicar más aún las cosas, aprendimos falsas características de la feminidad: a depender de otro y a buscar el amor afuera. La lección que aprendimos de niñas es que debemos aprender a adaptarnos y a no causar problemas. Ser pasiva es ser amada, aunque esto resulte en entregar el control sobre nuestros cuerpos.

Reaccionamos a la confusión que sentimos sobre nuestros cuerpos y nuestra sexualidad de diferentes maneras.

Algunas mujeres, ahogadas en mensajes confusos sobre su sexualidad, aprenden a utilizar sus cuerpos y el sexo como un medio para lograr un fin. Ya sea a un nivel subconsciente o no, esas mujeres ejercen poder de la única manera que saben: usando el sexo y promesas de sexo para obtener lo que desean. Debido a que se sienten manipuladas y desposeídas de poder por los hombres en sus vidas, ellas optan por aprovecharse de la debilidad mayor de los hombres: su necesidad de placer sexual. Otras mujeres se tornan totalmente sumisas e ignoran una parte muy importante de su femineidad: su sexualidad. Entre estos extremos hay varios grados de sexualidad y poder que se definirán en este capítulo. El objetivo es ayudar a las mujeres a aceptarse a sí mismas y a usar su poder innato con sabiduría y compasión.

La conexión entre la sexualidad y la autoestima

Para ser dueña de tu sexualidad se requiere autoestima sexual sobre todas las cosas. ¿Y qué es autoestima sexual? En pocas palabras, la autoestima sexual es la medida de la confianza que tenemos en nuestra propia sexualidad y determina cuán atractivas nos sentimos, cuán confiadas somos, cómo respondemos sexualmente y cuán libre nos sentimos de expresar nuestros sentimientos sobre el sexo.

Algunas (okay, muchas) mujeres tienden a pensar que las palabras «sexo» y «autoestima» no tienen conexión alguna. Casi todas participan en actividades sexuales, pero no todas disfruntan de una imagen positiva de sí mismas. La sexualidad y la autoestima están conectadas debido a que nuestras experiencias sexuales se ven afectadas por el nivel de autoestima que tengamos. Nada es más importante para tener una actitud saludable hacia el sexo que cómo nos sentimos sobre nosotras mismas y lo que pensamos que nos merecemos. La autoestima sexual afecta la percepción de cómo nos percibimos y cómo percibimos a otras personas, cómo otros nos perciben y cómo nos tratan.

Cuando nos sentimos bien con nuestra sexualidad, estamos conectadas a una parte muy poderosa de nuestro ser. Nuestra sexualidad representa una tremenda fuente de energía y placer. Una autoestima baja afecta la sexualidad de varias maneras. Si no estás contenta contigo misma, tu vida sexual puede ser simplemente insatisfactoria, pero también puede hacerte daño.

Una autoestima sexual baja puede llevarte a:

- Evitar las relaciones sexuales por temor a la intimidad.
- Ponerte los frenos en las relaciones sexuales por sentimientos de culpa o porque piensas que no te mereces sentir placer.
- Tener relaciones sexuales infelices o abusivas constantemente, porque sientes la necesidad de probar lo que vales (aunque solamente sea demostrando que un hombre te encuentra atractiva).
- Permitirle a un hombre que se aproveche de ti porque tú no crees que mereces que te traten bien.
- Competir con otras mujeres, a veces tus amigas o familiares, por la atención sexual de los hombres.
- Juzgar a otras a través del filtro de tus propias inseguridades.
- Negarte una relación íntima.

¿Tienes una autoestima sexual baja?

Hazte las siguientes preguntas:

1. ¿Tienes miedo de tener sexo porque piensas que a tu pareja no le gustará tu cuerpo?
2. ¿Te preocupa el tamaño de tus senos?
3. ¿Te preocupan las estrías, cicatrices u otras imperfecciones de tu piel porque te imaginas que tu pareja las encontrará repulsivas?
4. ¿Tienes dificultad en llegar al orgasmo durante el acto sexual?
5. ¿Evitas tener sexo porque te recuerda que abusaron de ti sexualmente cuando eras niña o te violaron?
6. ¿Permites que tu pareja sexual te coaccione —aunque sólo sea verbalmente— para tener relaciones sexuales?
7. ¿Participas en actividades sexuales que van en contra de tu moral y te causan vergüenza?
8. ¿Tienes sexo con personas que no te caen bien o que no respetas?
9. ¿Utilizas el sexo para subirte el ego?
10. ¿Tienes sexo aunque no tengas deseos de sentirte amada?
11. ¿Te sientes avergonzada de tus fantasías sexuales?
12. ¿Te sientes insegura de tu femineidad?

Si has contestado que sí a tres de estas preguntas, tienes tareas que hacer antes de poder disfrutar de una vida sexual satisfactoria y saludable. El sexo debe ser placentero, relajante, amoroso, reconfortante, excitante y positivo. El sexo también puede ser algo que decidas no hacer por un sinnúmero de motivos. Se trata de estar en contacto con lo que te haga feliz, y la abstinencia es definitivamente una opción válida. Cuando una mujer no se respeta a sí misma lo suficiente, nunca disfrutará del placer de tener el control de su sexualidad, un aspecto vital de ser mujer. Debes amarte a ti misma primero si quieres que te amen bien.

La verdad, toda la verdad y nada más que la verdad

Para las mujeres que se debaten con el tema de la sexualidad (o para las que ni siquiera piensan en eso) hay un punto obvio donde comenzar: la verdad. Debido a que a muchas de nosotras nos han dado mensajes incorrectos y confusos sobre el sexo, necesitamos tumbar la fachada y corregir las actitudes erróneas. Los mensajes explicados abajo son algunos de los mensajes que se les inculca a las niñas latinas. Estos mensajes con el tiempo se convierten en creencias y afectan nuestras actitudes hacia el sexo en nuestras vidas adultas. ¿Hay alguno que te parezca familiar?

• Aunque el sexo es sucio, no es sucio para los hombres. El sexo, en efecto, es bueno para los hombres. Los muchachos tienen que tener curiosidad y experiencia sexual. Ellos son diferentes biológicamente a las muchachas, y tienen necesidades sexuales que las muchachas no tienen. Las buenas mujercitas, sin embargo, no deben tener curiosidad o experiencia sexual. Las muchachas no deben querer el sexo o tener interés en él hasta que estén casadas.

• Los genitales femeninos son sucios y son la causa

natural de la vergüenza de la mujer. Los genitales del hombre, por el contrario, son magníficos, el origen del orgullo masculino.

- Aunque el sexo es sucio, es permisible para las mujeres bajo ciertas condiciones: en el matrimonio, para el propósito de procrear y para darle gusto al marido.

- Como el sexo es sucio, es mejor que las mujeres no lo disfruten, pero el placer sexual es permisible para la mujer siempre y cuando su esposo tenga el mismo o mayor placer sexual.

No es de extrañar que las latinas tengan tantos problemas aceptando su sexualidad, con todas estas reglas y connotaciones negativas acerca del cuerpo femenino. La cultura latina les permite a las mujeres sólo dos opciones: (1) Seguir las reglas y nunca experimentar verdaderamente el placer y la libertad sexual; o (2) romper las reglas y vivir en la vergüenza.

¿No es vivir en la verdad la mejor de las opciones? Como sabemos ahora, cuando vivimos en la verdad, nuestra autoestima florece, y cuando nos sentimos bien con nosotras mismas podemos disfrutar nuestra existencia como un ser sexual y tomar las decisiones más sabias por nuestra cuenta.

No tienes que tener actividad sexual para estar alerta sexualmente

Tu cuerpo y su complejidad te pertenecen a ti y a nadie más que a ti. Tener actividad sexual es una opción, y esa decisión nunca debe ser influenciada por fuerzas externas. Yo aprendí esta importante lección por cuenta propia, y no fue hasta que llegué a los treinta años que verdaderamente descubrí y entendí mi sexualidad. No quiere decir que fui virgen hasta la edad de treinta años; di a luz a mi hija a los veintiocho años. Pero no descubrí o aprecié el hecho de que yo era un ser sexual hasta los treinta. No me había dado cuenta de que yo merecía disfrutar del placer sexual, y no aprendí a amar y a honrar mi cuerpo y todas sus capacidades hasta ese entonces. Yo no había aún reclamado lo que era mío.

A lo largo de mi vida, siempre sentía que «Yasmin» era una entidad, y mi cuerpo era otra, separada de mi intelecto y mis emociones. Siempre he sentido una gran pasión por la vida, y ya había hecho algunos descubrimientos importantes sobre mí misma y sobre cómo quería vivir la vida. Para la época en que llegué a los treinta años, era dueña de mi vida, pero nunca había pensando en adueñarme de cada una de las partes de mi cuerpo. Nunca me había mirado desnuda en el espejo, ni pensado: «¡*Mija*, qué buena estás!», porque eso me hubiera hecho sentir sucia y avergonzada.

Tuve mi primera experiencia sexual a los diecinueve años, después de llevar más de un año saliendo con mi novio. Mi virginidad era sagrada para mí, y no la entregaría fácilmente. Solamente después de un periodo de tiempo, durante el cual mi novio me demostró que yo era la reina de su vida y yo supe que lo amaba realmente, me entregué a él sexualmente. No me arrepiento de nada, pero ahora entiendo que realmente no me entregué a él, ni a nadie más, hasta que cumplí los treinta años porque yo no había reclamado la propiedad de mi cuerpo. Sólo tenía sexo para dar. ¿Fue satisfactoria mi primera vez? En realidad, no; lo fue más para él que para mí. Pero fue mi manera de demostrarle que lo amaba. Durante mis veinte, mi actividad sexual con mi esposo era simplemente parte de la relación; no era necesariamente algo que disfrutaba, lo cual tenía más que ver conmigo que con él. A menudo pensaba: «Bueno, o algo anda mal conmigo o todo este asunto del sexo es una gran exageración». Lo que no me imaginaba era que estaba equivocada en las dos cosas. El verdadero problema era que mis creencias sobre mi cuerpo y mi sexualidad me hacían sentir que si yo amaba mi cuerpo y el placer que éste podía brindarme, entonces yo era una mujerzuela.

Luego de una intensa búsqueda del verdadero significado de ser dueña de mi sexualidad, finalmente pude liberarme de las cadenas de la vergüenza. Ahora, cuando decido tener intimidad sexual con alguien, tomo esa decisión con la mente, cuerpo y alma. Soy muy exigente en cuanto a la persona que escojo para ser mi pareja sexual, porque no sólo le entrego mi cuerpo, sino todo mi ser.

Desde mi divorcio, he tenido periodos de abstinencia. Pero el hecho de que no tuve actividad sexual por un periodo de tiempo no quiere decir que he perdido la propiedad de mi sexualidad. Todo lo contrario; soy dueña de mi sexualidad hasta tal punto que puedo compartirla solamente con una pareja que le rinda el mismo honor que yo.

Es sumamente importante entender, sin embargo, que los hombres no ven, ni verán jamás, la sexualidad de la misma manera que las mujeres. Para muchos hombres el sexo es solamente placer físico; lo cual no es muy tierno que digamos, a menos que estés profundamente enamorada. Existen muchas teorías sobre el por qué de estas diferencias (las cuales pienso explorar en un futuro libro), y claro, las circunstancias varían ya que todos somos seres únicos. No cabe duda que hay mujeres que exhiben una actitud masculina hacia el sexo, pero la realidad es que es rara la mujer que puede jugar como los hombres y verdaderamente ser dueña de su sexualidad. Y de todos modos, ¿quién quiere eso en realidad?

Advertencia

A pesar de que no exploro el tema de la violencia sexual en este libro, ese tipo de violencia es una plaga que azota diariamente a las mujeres en todas partes del mundo, sin importar de que cultura o clase social provienen. Hay hombres que creen que es su derecho innato de tener sexo con quien sea, cuando sea, aun cuando la mujer diga que no. Ningún hombre —déjame repetirlo— ningún hombre tiene el derecho a tocarte de ninguna forma si tú no quieres que te toque, aunque sea tu marido. Si primero decides tener sexo y después cambias de idea durante el acto sexual, tienes derecho a hacerlo. «No» quiere decir «no» y sanseacabó.

El dilema de la atracción vs. el afecto

No existe un ser humano en el planeta que no anhele el amor, ya que éste es una necesidad humana básica. Pero necesitamos ser extremadamente cuidadosas de a quiénes escogemos para entregarle nuestro amor. Todas tenemos nuestras estrategias de coqueteo, y ciertos aspectos de nuestra conducta los llevamos en los genes. Biológicamente, nos diseñaron para existir en pareja, aunque para muchos hombres no existen límites en cuanto al número de parejas que pueden coleccionar. Si nos sentimos confundidas sobre qué es lo que más nos conviene porque no hemos aprendido todavía cuánto valemos, es posible que cometamos errores que pueden ir de simplemente inconvenientes a totalmente destructivos. Saber determinar si lo que buscas es atención o verdadero afecto puede ahorrarte bastante sufrimiento.

Todas queremos sentirnos bien con nosotras mismas, y para la mayoría de las mujeres, eso incluye el deseo de lucir bien. Sí, nos arreglamos para nosotras mismas, pero la verdadera razón por la que gastamos tanto tiempo y dinero en nuestra apariencia, principalmente tratando de lucir sexy, es para atraer a los hombres. Entonces, ¿qué es lo que en realidad queremos? ¿La atención que recibimos por lucir atractivas o algo más profundo? Entre las tantas mujeres que he conocido, encontré que muchas tratan inconscientemente de usar su sexualidad no sólo para atraer a los hombres, sino también para ganarse su afecto. El dilema es que a veces somos lo suficientemente sexy para atraer la *atención* masculina, pero fallamos en ganar su *afecto*.

Las mujeres que son sexualmente atractivas reciben bastante atención de los hombres, pero muy pocas de ellas se preguntan si esto es bueno. A los hombres se les atrae de dos maneras diferentes; a la primera la llamo *atracción sexual*. A menudo a los hombres los cautivan ciertas cualidades femeninas que prometen seducción, placer y derecho a dárselas de Don Juan. Y parte de esa atracción la llevan en los genes; la función biológica del hombre es esparcir su semilla. A la mayoría de los hombres le atrae las mismas cosas: pelo brillante, buenos dientes, labios carnosos, senos grandes y buenas nalgas. Vale la pena mencionar que el tipo de cuerpo que los hombres encuentran atractivo varía más de lo que pensamos. Aunque las mujeres asumen que la mayoría de los hombres prefieren mujeres delgadas, muchos dicen que se sienten más atraídos por las caderas anchas y los muslos llenos.

Desdichadamente (o quizás sea una bendición disfrazada), la atracción sexual no produce los resultados que la mayoría de nosotras buscamos, porque en sí la atracción sexual no conduce necesariamente a una relación romántica seria. Si no te has encontrado en la siguiente situación alguna vez, seguramente que conoces a alguien que sí le pasado: una mujer se fía de su sexualidad para atrapar a un hombre, pero pronto descubre que él se aprovecha de ella una vez (o quizás en varias ocasiones si ella se lo permite) y después no la vuelve a llamar más nunca. Ese hombre no la considera como una pareja potencial, sólo quiere obtener su placer con ella; y lo que es peor, probablemente se lo cuente a todos sus amigos.

Ésta es una verdad importante: la atracción sexual impulsa a un hombre a querer tener sexo con una mujer en particular, y nada más. Eso es todo lo que sacarás de una relación basada solamente en atracción sexual. Y así serás cómplice de tu propia infelicidad si dependes del largo de tu falda y del color de tu lápiz labial para atraer y mantener a tu lado a tu pareja. Hay una falta de respeto en ambos lados de esta ecuación. Si actúas como una tonta para complacer a tu hombre, o si te entregas a él sexualmente con la esperanza de que él descubra la joyita que eres, estás cometiendo un gran error.

El segundo tipo de atracción que las mujeres pueden demostrar es ser *cautivadoras*. Cuando un hombre escoge pareja para pasar la noche, escogerá a la mujer más atractiva sexualmente que encuentre; si busca una compañera para su vida, buscará a una mujer inteligente, con un gran corazón y sentido del humor. Ella cautivará su mente y su imaginación. Le servirá de inspiración. Todo el mundo, hombres y mujeres, desea admirar y respetar a su pareja, y desea pasar tiempo juntos, en el dormitorio o fuera de él. Cuando una mujer demuestra que puede cautivar a un hombre, él querrá protegerla y contribuir a que su vida sea plena. En una encuesta a 700 hombres, ellos mencionaron las siguientes características que hacen a una mujer «cautivadora»:

- **Tiene confianza en sí misma.** Los hombres prefieren mujeres que se quieren a sí mismas y que se sienten cómodas con sus cuerpos, no importa la forma o tamaño que tengan.
- **Es como es.** Los hombres son sensibles a la autenticidad. Cuando perciben a una mujer que está posando o fingiendo ser otra persona, piensan que probablemente es deshonesta en todo lo demás.
- **Siente pasión por algo.** No importa si tiene devoción por que haya paz en el mundo o por películas clásicas, lo que importa es que algo (no alguien) la apasiona en su vida.
- **Se interesa por otra gente.** Los hombres, al igual que las mujeres, prefieren pasar tiempo con alguien que sepa escuchar con el mismo entusiasmo con que habla.
- **Necesita un hombre, pero no es exageradamente dependiente.** Una mujer que se basta por sí misma, pero también deja que el hombre contribuya a su vida es una mujer deseable.
- **Le gustan los hombres.** Cada género tiene sus características propias. Una mujer no debe esperar que los hombres sean, actúen o piensen como las mujeres. Cuando una mujer aprecia las características únicas del hombre, él apreciará las de ella.

- **Piensa por sí misma.** Los hombres no quieren una muñeca de cuerda. Ellos quieren una mujer que tiene la suficiente seguridad en sí misma para expresar su opinión sin faltar el respeto a la opinión de otros.

En otras palabras, mientras más te quieras a ti misma, más le gustarás a los hombres. Mientras más auténticamente te comportes, más chances darás a que los hombres te conozcan y te quieran. Mientras más disfrutas tu vida, más disfrutarán ellos de tu compañía.

¿Qué tipo de mujer eres?

Los hombres reaccionan a las mujeres de maneras fuertes y predecibles, pero la femineidad es mucho más compleja de lo que pensamos. Los estereotipos abundan —la rubia tonta, la ama de casa desaliñada, la estudiosa tímida, la madre tierra—, pero todos estos conceptos son unidimensionales. Estoy segura de que estamos de acuerdo que cada mujer tiene cualidades femeninas innatas y únicas. A pesar de las limitaciones de los estereotipos, he dividido la noción de la femineidad en cinco personajes básicos: La Profesional, La Niñita, La Mujer de Mundo, La Madre y La Reina. A través de estos arquetipos podemos reconocer con más facilidad nuestra propia conducta y cómo impacta la manera en que otros nos perciben (y por lo tanto nos tratan). Más importante aún, podremos ver cómo combinando la esencia de cada personaje, podemos aprender a ser dueñas completas de nuestra sexualidad.

La Profesional

Mónica, de veintisiete años de edad, es abogada y madre de dos hijos, y a juzgar por su apariencia y comportamiento es una mujer fuerte, segura de sí misma e inteligente. Después de que logró sobrepasar todas las influencias negativas de la cultura en la que creció, parece que es poderosa y está en control de su trabajo y su círculo social. En casa, es un modelo de amante esposa y abnegada madre. Desde afuera parece que Mónica lo tiene todo.

Mónica y yo somos amigas desde que éramos niñas. Nos queremos muchísimo, pero hay un tema sobre el cual nunca estamos de acuerdo: cómo nuestra cultura latina trata a las mujeres. Una tarde en que charlábamos y tomábamos café, Mónica me dijo: «Yasmin, yo no creo en nada de ese asunto de la opresión. Yo me crié como latina y he vivido una vida plena. Nunca interioricé esos mensajes de sumisión de los que tú hablas. Me parece que si a una mujer no le gusta lo que aprendió en el pasado, ella bien puede hacer algo sobre eso».

«Pero la mayoría de las mujeres y jovencitas no se dan cuenta de cómo les afectan los estereotipos negativos en primer lugar», dije.

«¿Cómo es posible que no lo sepan? ¡Eso es imposible!», respondió.

«Okay, veámoslo de esta manera», comencé. «Como mujeres educadas, seguras de sí mismas, las dos reconocemos los diferentes papeles que nos tocan desempeñar en diferentes momentos de nuestras vidas. De hecho, usualmente tenemos la habilidad de saltar a cualquier papel que necesitamos sin tener que pensarlo dos veces. Por ejemplo, aquí está Mónica la mami y Mónica la abogada. Mónica la mami se pone su sombrero de mamá cuando lo necesita y se cambia el sombrero cuando sale para el trabajo».

«Lo entiendo, y estoy de acuerdo», me dijo sonriendo.

«Bien. Ahora te voy a dar una prueba», dije. Quería demostrarle a Mónica algo que nunca había tomado en consideración. Me puse de pie, tomé dos sillas y las acomodé en diferentes partes de la habitación. Apunté a la silla a mi izquierda y le dije: «Que pase Mónica la mami y se siente aquí, por favor». Me miró como si yo estuviera loca, pero decidió seguirme la corriente. Acunó dos bebés imaginarios en los brazos y le cantó una canción de cuna como si estuviera tratando de dormirlos.

Después le pedí: «Que pase Mónica la abogada y se siente en la silla de la derecha y asuma su papel de abogada».

Se puso de pie, negando con la cabeza: «Cuando presento un caso en la corte siempre lo hago de pie. Me siento más en control». Tomó un cuaderno de la mesa de centro y comenzó a hablar. Su lenguaje corporal cambió. El tono de voz, su mirada, todo era diferente a lo de Mónica la mami.

Entonces le pedí: «Ahora, por favor, que Mónica el ser sexual se siente en el sofá».

Desconcertada, se detuvo a medio camino. Tartamudeo un poco, pero no logró encontrar las palabras. Se sentó en el sofá como si estuviera probando los muelles. Se tiró boca arriba pero inmediatamente se incorporó, alarmada. «Yasmin, no sé... no sé quién es esa mujer. ¡Creo que ni existe!».

No quise apresurarla. El tema del sexo asusta a muchas mujeres por fuertes que sean. Sabía que Mónica creía que en realidad ella estaba en contacto consigo misma, que conocía todos los aspectos de su ser, pero nunca había pensado en sí misma como entidad sexual.

«Por supuesto que tengo sexo con mi esposo», dijo. «Pero no pienso mucho en el sexo. No pienso en el… placer. A veces está bien, pero otras veces solamente me tiro en la cama y espero a que termine. Sabes, nunca pienso en mi sexualidad como parte de mí».

Con sutileza le pregunté: «¿Ves ahora lo que digo sobre el impacto actual de los mensajes culturales negativos? Posiblemente eres la mujer más fuerte y consciente que conozco, pero todavía consideras secundarios tu cuerpo y sus necesidades naturales. ¿Por qué crees que es así?».

Nunca antes había visto a Mónica quedarse sin palabras. Al cabo de un rato contestó: «Bueno, ahora que lo pienso, creo que puedes tener la razón. Me imagino que me enseñaron que el sexo es lo que haces con tu esposo, y eso es todo. Es, bueno, una obligación, ¿no? Los hombres lo necesitan, y si tú no se lo das, ellos van a buscarlo a otro lado. Es parte de su naturaleza. Y, sí, es cierto. Yo tengo control de mi vida, pero ignoro la parte que está entre mis piernas».

No me quedó más remedio que echarme a reír. «¡Mónica, se llama vagina y es parte integral de quien eres, igual que tu cabeza! ¡Es tu amiga, *mija!*».

Se puso roja como un tomate, algo que no había visto antes. «Me va a tomar tiempo, Yasmin. Es lo único que puedo decirte por ahora».

Yo sabía exactamente lo siguiente qué debía decirle, debido a que anteriormente había tenido esta misma discusión con una gran cantidad de mujeres: «Dime la verdad. Si algún día te divorciaras, ¿crees que tu sexualidad dejaría de existir?».

Respondió sin titubeos. «Sí. Odio tener que admitirlo, pero debo ser honesta contigo».

«¿Tú quieres eso para tu hija o tu hermana, o para mí?», le pregunté.

«No», dijo con seriedad en el rostro. «Pero es que a mí nadie nunca me dijo nada sobre mi sexualidad. ¡De eso nunca se hablaba!».

«A eso me refiero», dije. «Ves, aunque sea que mientas por omisión, tú también has interiorizado mensajes negativos sobre tu sexualidad, y ahora esos mensajes se han convertido en tus creencias. ¡Te estás perdiendo algo bueno!».

«Lo confieso», dijo con una risita poco convincente. «Nunca lo pensé de ese modo». Le aseguré que la mayoría de las mujeres tampoco lo ha pensado así porque nunca le han dado la oportunidad de explorar sus opciones.

Existen muchas mujeres como Mónica, mujeres que saben cómo manejar sus carreras y sus familias con facilidad. Ella sabe organizar una cena para varios invitados de un día para otro, en el trabajo le gana a cualquiera de sus colegas masculinos, asiste a las reuniones de padres y maestros mientras participa en una tele-conferencia, pero no es capaz de conectarse con su ser físico. Puede que vaya al gimnasio cinco veces a la semana, pero no porque ame a su cuerpo, sino porque lo quiere mantener en buena forma para hacer todo lo que tiene que hacer.

Mónica, un perfecto ejemplo de La Profesional, ya había sobrepasado muchos obstáculos en su vida. Es una luchadora a quíen no le falta confianza, pero le falta consciencia de sí misma. Le da mantenimiento a su bello cuerpo, pero lo trata solamente como algo más de lo que tiene que ocuparse, algo que preferiría ignorar, a pesar de que es lo que la hace una mujer.

La Niñita

Al terminar un seminario que presenté sobre la mujer y la sexualidad, hablé con Lisa, quien, por su actitud dinámica, me pareció una joven preparada para conquistar el siglo XXI. Me contó una historia bastante común, pero me alegró ver que buscaba ayuda. Lisa es un ejemplo de lo que sucede cuando no dejamos que la niñita que todas llevamos dentro crezca y desarrolle sus propios sentimientos sobre su cuerpo y su sexualidad. Lisa estaba viviendo bajo un estándar injusto y poco realista, heredado de su familia y su cultura. Por suerte, Lisa tenía la suficiente consciencia de sí misma para buscar ayuda.

«Desde pequeña me enseñaron que el sexo es para compartirlo solamente con mi futuro esposo», me dijo. «Cuando le pregunté a mi mamá de donde vienen los niños, me dijo que las mujeres que tienen relaciones sexuales fuera del matrimonio son unas malas mujeres». Hizo una pausa y después continuó en un susurro. «Pero yo sabía que algo no andaba bien con eso, ¿sabes? Mi hermano mayor tenía montones de novias con las que obviamente tenía relaciones sexuales».

«¿Le mencionaste eso a tu mamá?», le pregunté, dudosa de cuán cómoda estaría expresando estos sentimientos.

«Bueno, yo traté, pero mami solamente me echó una mirada. Pero insistí y me dijo: 'Los hombres tienen necesidades diferentes. Así es la vida'. No le pregunté nada más».

En ese momento supe que era importante que le explicara unas cuantas cosas a Lisa, pero necesitaba más información. Era obvio que tenía más de veinte años y aunque yo creía que una virgen puede ser igualmente empoderada sexualmente, quería estar segura de que los mensajes que recibió durante su niñez no resultaran peligrosos. «Mi amor, te importa si te hago una pregunta: ¿tienes relaciones sexuales en estos momentos?».

Su respuesta fue representativa de la manera en que la

mayoría de las mujeres que han adoptado las características de La Niñita se sienten sobre sí mismas. «Bueno, yo amo mucho a mi novio. Ese no es el problema. La cosa es que…». Miró sobre su hombro para asegurar que nadie nos escuchara, y continuó: «Yo quisiera disfrutar el sexo, de veras, pero cuando lo hacemos me pongo tan tensa que siento que mis emociones se trancan completamente, y termino jugando mi papel hasta que termine la cosa. Cuando pienso en liberarme y hacer lo que me dé placer, no puedo evitar sentirme sucia y avergonzada. No logro cruzar la línea. En mi mente sé que soy un ser sexual y que tengo el derecho a ser libre sexualmente, pero cuando llega el momento de hacerlo, mi cuerpo y mis emociones… se ausentan».

He escuchado esto tantas veces, además de haberlo vivido personalmente. «Lisa, entiendo perfectamente lo que estás diciendo», le contesté.

«¿De veras?», respondió sorprendida.

«Por supuesto. La verdad es que desde que nacemos nos programan para creer todo lo que dicta nuestra cultura sobre la conducta apropiada para la mujer. Cuando llegamos a ser adultas nos damos cuenta de que muchas de esas creencias son erróneas, pero se nos hace difícil cambiarlas. La vergüenza es difícil de eliminar. No basta con desear que desaparezca, porque las semillas se plantaron mucho tiempo atrás y las raíces están muy profundas. La mayoría de las mujeres ni siquiera se da cuenta de que tiene todas las de perder hasta tanto no se deshaga de esas creencias y establezca otras. No se trata de una cuestión intelectual; es mucho más profundo. Y si continúas negándote algo tan importante, seguirás viviendo tu vida a medias». Dejé que absorbiera esta idea y después le pregunté. «¿Y tu novio te trata como tú quieres y mereces que te traten?».

Sin titubear me contestó: «Ay, sí. Nunca le diría como me siento sobre la cuestión del sexo. Lo haría sentir mal. Él me trata muy bien, es dulce, me da regalos constantemente, y me dice que soy chula y simpática. Hasta dice que me necesita».

Después de conversar un rato, sentí una gran esperanza por Lisa; era claro que estaba abierta a la autoexploración. Solamente le faltaba aprender algunas verdades sencillas. Primero, tenía que aprender a amar su cuerpo tanto como su novio lo amaba. Yo estaba segura de que con práctica y una pareja paciente, tendría éxito. Pero también necesitaba aprender que el sexo no se puede utilizar para ningún otro propósito que no sea el de sencillamente disfrutarlo. No se puede usar para hacer sentir bien al hombre o como un intercambio de regalos. El sexo es parte integral de quien eres y se debe usar con mucha discreción.

A los hombres les encanta la dulzura e inocencia de La Niñita; los inspira a protegerlas. Cuando una mujer manifiesta estas características, no sólo hace que el hombre se sienta seguro, también lo hace sentir más masculino. Contrario a las creencias populares, los hombres también necesitan ser necesitados, y las mujeres seguras en su sexualidad a veces hacen que los hombres se sientan amenazados e inseguros. Cuando La Niñita se asoma, hace a la mujer accesible, obediente, encantadora, y ejerce una especie de hechizo que inspira al hombre a complacerla. Desdichadamente, él sólo demuestra su amor de la única manera que sabe. Puede llevarle regalos, echarle piropos, protegerla y defenderla, pero porque ella es La Niñita, nunca la tomará en serio cuando exprese, si es que lo hace, sus deseos. La mayoría de los hombres responde a la energía juguetona de La Niñita con adoración, pero a menos que ella pueda verbalizar lo que desea, ella permanecerá en la ignorancia en cuanto a lo que puede darle verdadero placer, en sus propios términos.

Mientras Lisa se ponía su abrigo para salir, le dije algo más. «Es obvio que eres una joven inteligente, bella y cariñosa. Sé que tu novio te aprecia mucho. Pero es hora de que tú veas lo que los demás ven en ti, una mujer hecha y derecha con necesidades propias. Tu cuerpo y tus sentimientos son complejos, y necesitas honrar esa complejidad. Ya no eres una niñita, pero no tienes que perder esa niñita para siempre; solamente necesitas ayudarla a que madure y sea la mujer apasionada y merecedora que en realidad es».

La Mujer de Mundo

Cuando pienses en una Mujer de Mundo, piensa en Jennifer López, una mujer que personifica la sensualidad y la sexualidad. En la mayoría de los casos, La Mujer de Mundo depende de su apariencia y su seguridad para atraer a los hombres, y rara vez es rechazada. La energía física de este tipo de mujer no es demasiado agresiva externamente, es más bien un cosquilleo, una invitación, una cálida hoguera que atrae a los visitantes. Es tentadora y juguetona, invita a los hombres a que la persigan, pero toma el papel pasivo en la cacería. Cuando una mujer expresa este tipo de energía femenina, los hombres siempre responden. A ella la describen como sexy, no importa qué ropas lleve o cómo luzca. La Mujer de Mundo atrae la atención, afecto e interés sexual sin esfuerzo.

Todas las mujeres tienen la habilidad de ser una Mujer de Mundo, pero es esencial tomar esa energía con conciencia. Las mujeres que emanan sensualidad y sexualidad sin criterio corren el riesgo de que las confundan con las devoradoras de hombres. Una Mujer de Mundo que es fiel a sí misma dirige esa energía como un rayo láser hacia el hombre escogido en vez de anunciarlo a todo el mundo. Lo cierto es que las mujeres tienen el poder de utilizar su sexualidad para obtener lo que desean. A esto se le llama el poder de seducción. Hasta las niñas más pequeñas saben usar ese poder de manipulación, batiendo las pestañas que adornan sus ojos de corderito, hablando con dulzura, y soltando muchas risitas de «Te quiero, papi», para lograr que el padre le compre la casita de Barbie o un nuevo vestido. Según van creciendo, las jovencitas pronto aprenden a usar sus artimañas femeninas para obtener atención, favores o la aprobación de los varones. Aprenden a reírse de todos los chistes de los muchachos, aunque no sean cómicos; despliegan una conducta de coqueteo físico y a veces se hacen las tontas para alimentar el ego masculino.

No es que las mujeres planifican comportarse de esa manera, ni se trata de un gran esquema que se nos ocurre cuando llegamos a cierta edad. Más bien, seguimos el ejemplo. Observamos a las chicas que percibimos como las más populares y las imitamos. Lo cierto es que el poder de seducción es parte del instinto natural de la mujer al igual que el instinto natural del hombre es responder. Cuando una mujer se da cuenta de que posee este instrumento de seducción, también aprende algo importante: que es un método de poder y control. Mientras que algunas mujeres ven el sexo como una experiencia sagrada, otras usan su sexualidad como un sistema de intercambio. Esto es desleal e inmoral. Se supone que el acto sexual sea un momento especial cuando todo lo demás desaparece y sólo quedas tú y tu pareja, disfrutando de un éxtasis incomparable. Cuando una mujer le dice al hombre: «Si me compras ese diamante, te llevaré a la luna», eso degrada por completo la experiencia.

Existe un gran número de mujeres que, quizás porque se sienten reprimidas en otras áreas de sus vidas, usan su sensualidad para sentirse más poderosas. Evidentemente, esas mujeres piensan que si pueden hacer que un hombre quiera tener sexo con ellas, eso quiere decir que están en control. No se dejen engañar, eso no es otra cosa que manipulación. En vez de levantar su confianza en sí mismas a través del desarrollo de sus habilidades, talentos e inteligencia, esas mujeres obtienen su autoestima debido a que un hombre las valora. Una vez que la mujer usa su apariencia y su disposición a tener sexo para controlar una relación, una vez que ella ha sido «valorizada» por un hombre, ella cree que puede pedirlo, o hasta exigirlo, todo. Puede hasta amenazar no tener sexo si sus deseos no se cumplen. Allí es cuando La Mujer de Mundo se queda en el limbo en cuanto a tener una verdadera relación y a su autoestima.

Aceptémoslo o no, el sexo es poder, y tenemos una obligación con nosotras mismas de manejar ese poder con sabiduría. De lo contrario, no somos mejores que aquellos cuyas mentiras nos han influenciado. Tu cuerpo y tu sexualidad son regalos para dar y disfrutar; nunca se deben usar como instrumentos para obtener lo que deseas.

Cuando llegan a los cuarenta, muchas mujeres dejan de expresar los aspectos positivos de La Mujer de Mundo. La Mujer de Mundo es intrínsicamente alegre y animada, pero muchas de nosotras apenas tenemos la energía de hacer nuestras tareas diarias una vez pasamos de cierta edad. Cuando nuestra familia y carrera absorben toda nuestra atención, nos quedamos sin la energía necesaria para mantener prendida la antorcha de La Mujer de Mundo. En otras palabras, estamos muy cansadas para expresar sensualidad o sexualidad, o simplemente divertimos. Otra razón por la cual raramente vemos Mujeres de Mundo maduras (aunque hay excepciones a la regla) es que seamos madres o no, con la edad comenzamos a ser maternales con los hombres en nuestras vidas. Nos concentramos más en dar apoyo que en jugar o participar, y en ese proceso perdemos el entusiasmo por el regocijo y la aventura, en gran parte debido a que la sociedad nos hace sentir que ya no somos sexualmente poderosas. Aunque ese apoyo que damos a nuestros hombres es esencial para ellos, lo cierto es que puede hacer la relación aburrida y poco estimulante. Además, debido a que La Mujer de Mundo fue desenfrenada durante sus veintes, tratamos de frenarla según vamos madurando. Sin embargo, las lecciones más valiosas las aprendemos a través de nuestras flaquezas y errores, y la única solución es perdonarnos a nosotras mismas y a los hombres que fueron parte de esos episodios.

Si eres una de las que ha suprimido a su Mujer de Mundo y quieres resucitarla, aprende a alimentar ese lado tuyo. Una buena manera de empezar a sentirte como una mujer en la cima de tu poder es manteniendo tu cuerpo en buena forma. Trabaja menos y duerme más; haz cosas que te den placer físicamente (masajes o baños de espuma, por ejemplo); practica amar a tu cuerpo sin importar su forma o tamaño; posee tu cuerpo en vez de arrastrarlo como un ancla; exprésate físicamente (baila, practica el yoga o tu deporte favorito); y guarda un poco de energía para jugar en vez de gastarla por completo en complacer a otros.

Cuando entendemos los efectos predecibles de La Mujer de Mundo y la sexualidad masculina, podemos jugar cuidadosamente con nuestra potente energía femenina. Aprender a controlar tu fuego es mejor que dejarlo apagar.

La Madre

La Madre es la que alimenta y cría. Piensa en... ¿tu propia madre? La Madre personifica la paciencia, la fe, la creencia, el cuidado, la curación, la atención, el confort, la empatía y mucho más. La Madre se enfoca en las necesidades de los demás y los hace sentir especiales. Este tipo de mujer corre el riesgo de no cuidarse a sí misma por cuidar a los demás.

A menudo se le acusa a los hombres de siempre andar buscando una madre. ¡Y quién no! Yo misma, a estas alturas, todavía no he sobrepasado mi necesidad de que me cuiden y me nutran, y creo que nunca lo haré. Las mujeres somos afortunadas porque tenemos amigas y familiares con cualidades maternas, y a veces las damos por sentadas. Lo que a veces no apreciamos es que alimentar, física, espiritual e intelectualmente, es una característica netamente femenina; pocos hombres cuentan con ese tipo de apoyo de parte de amigos y familiares masculinos.

Al igual que con La Mujer de Mundo y La Niñita, los hombres reaccionan ante La Madre de maneras esperadas. La Madre hace al hombre sentirse cuidado. Ella le ofrece un refugio que lo protege de las dificultades que le presenta la vida, y ayuda a levantarle el ánimo para acometer la próxima aventura o batalla. La mujer con características maternales refuerza el espíritu del hombre; su atención y cuidado lo renuevan, la comida que le prepara le calienta el estómago, y su sustento le arropa el alma.

Es de suma importancia distinguir entre esas maravillosas cualidades femeninas que acabo de describir como pertenecientes al arquetipo de La Madre y ser como una madre. A menudo esa actitud maternal no es más que una artimaña para imponerle al hombre nuestras ideas, comida y opiniones, lo que los hace sentir como niños. Los hombres consideran que esa conducta es castrante (¡sorpresa!) y apaga el deseo sexual. La mayor diferencia entre ser como una madre y asumir el personaje de La Madre es el control. La Madre ofrece sus cualidades como regalos y permite que quien los recibe se mantenga en control. La mujer que se comporta como una madre para controlar, termina dominando los pensamientos y las acciones del hombre, lo cual no es justo.

La mayoría de los hombres considera las cualidades de sustento y cultivo de La Madre un requisito en su esposa. Cuando comienzan a buscar en serio a una compañera para el resto de sus vidas, naturalmente se inclinan hacia la mujer que manifieste esas características, todo lo contrario a cuando sólo deseaban sexo y aventura (La Mujer de Mundo). Los hombres saben que mientras mejor sean cuidados, más exitosos serán. El cliché de que detrás de cada hombre de éxito hay una mujer que lo apoya es usualmente cierto. La adoración que La Mujer de Mundo inspira no es un substituto de la atención y confort que ofrece La Madre.

Advertencia: una de las cualidades de La Madre es el sacrificio, lo cual es en cierta manera una bendición; de lo contrario no hubiéramos sobrevivido la infancia. Pero si no fija límites, La Madre lo sacrificará todo por los demás, aunque vaya en contra de sus propios intereses. Sin autoestima y respeto propio, La Madre siempre pondrá las necesidades de otros antes que las suyas. Peor aun, sentirá la obligación de sustentar a todo el que cruce por delante, ¡lo cual es inapropiado además de agotador!

La Reina

La Reina es poco común. Piensa en Oprah. Es una mujer con visión y propósito, generosa y serena. Se interesa por el empoderamiento, específicamente la habilidad de dar poder sin perder el suyo. Tiene la capacidad de comprender a otros y, quizás más importante aún, una enorme capacidad de recibir. Es influyente y poderosa de una manera particularmente femenina.

Mientras que La Madre se concentra en servir al individuo, La Reina se enfoca en el grupo o comunidad, es decir, su reino. Éste es un reino que ella define para sí misma porque sus fronteras y su autoestima son fuertes. Ella no entrega su grandeza, más bien la comparte con la esperanza de que otros a su alrededor se den cuenta de su propia grandeza. Como contraste con La Madre, que se enfoca en lo que otros necesitan, La Reina presta atención al futuro y a la calidad de vida dentro de su reino. El noble propósito de La Reina es su visión, que puede incluir el deseo de libertad, auto expresión, vitalidad e integridad. Estas cosas están presentes en su vida y desea ardientemente que otros también las tengan en sus vidas. La existencia de La Reina tiene un propósito elevado, y por eso otros le sirven. Tanto hombres como mujeres se sienten atraídos por una mujer con cualidades de Reina porque inspira respeto y admiración. Sus cualidades femeninas inspiran al hombre a esforzarse en ser el mejor hombre posible, ya que al ella darle reconocimiento, lo empodera y lo llena de la energía y la audacia necesarias para intentar grandes hazañas.

La mejor manera de describir la forma en que los hombres responden a La Reina es que ellos se convierten en sus «proveedores», y dado a que los hombres son proveedores por naturaleza, la mayoría busca a una persona que se merezca y esté dispuesta a recibir sus ofrendas. Los hombres están dispuestos a proveer muchas cosas para su Reina, y no todas son materiales. Ellos trataran de proveerle todo lo que ellos crean que ella necesita, harán todo lo que ellos crean que la haga feliz, la apoyarán en sus propósitos y, si se presenta la oportunidad, la ayudarán a realizar su visión.

Debido a que La Reina inspira a los hombres a proveer, sería lógico que la mayoría de las mujeres trataran de ser como ella. Pero es más sabio tratar de lograr un enfoque más equilibrado de la femineidad. Si puedes identificar y adoptar partes de los cinco arquetipos femeninos y hacerle espacio a cada uno de ellos en tu vida y en tus relaciones, te sentirás más satisfecha, más independiente, y más querida y respetada. Los hombres proveen a La Reina, pero participan con La Mujer de Mundo, reciben lo que necesitan de La Madre, y prueban su masculinidad con La Niñita.

La Profesional es única en este grupo: de varias maneras ella personifica todas las cualidades de una gran mujer. Es fuerte y tiene el control, es exitosa y segura de sí misma; siempre hace el trabajo que hay que hacer y es admirada, tiene el respeto de los que la rodean. Pero le falta un elemento crucial para su felicidad: su sexualidad. Un poco parecida a La Madre, La Profesional está tan ocupada manejando el mundo que ha perdido la habilidad de escuchar su cuerpo. Le convendría descubrir La Mujer de Mundo que lleva dentro.

Nunca se me ocurriría sugerirle a una mujer que cambie su personalidad a la fuerza, especialmente para complacer a un hombre. Todas nacemos seres únicos, pero podemos aprender de estos arquetipos femeninos si analizamos sus fuerzas y sus debilidades e incorporamos las mejores características de cada una. Podemos combinar aspectos de cada una de esas mujeres para reforzar nuestra decisión de encontrar lo que queremos y lo que necesitamos. Recuerda que tú llevas las riendas y que te tratarán de la manera en que te perciban.

Cómo crear un nuevo sistema de creencias sobre tu sexualidad

Para muchas mujeres, la sexualidad es la última frontera que las separa de aceptarse y amarse a sí mismas. Las mujeres se describen a sí mismas como madres y esposas amantísimas y profesionales competentes, pero si les preguntas sobre su sexualidad, muchas expresan dudas y vergüenza. La mera mención del sexo es un tabú en familias tradicionales; de ese tema simplemente no se habla. Las niñas aprenden desde muy temprano que el sexo —al menos para ellas— es algo que se debe ocultar, algo a lo que se le debe temer, pero que tendrán que hacer por obligación cuando se casen. Los mensajes sexuales que se transmiten en el seno familiar giran alrededor del miedo, el control, el disgusto consigo mismas y la vergüenza. Esos mensajes en raras ocasiones alientan a la mujer a experimentar placer o satisfacción con un hombre y mucho menos por sí solas. Nadie nace pensando que el sexo es malo o bueno; es el ambiente en que crecemos el que define cómo se manifestará nuestra sexualidad. Aún las mujeres más seguras de sí mismas a menudo se niegan a tener la satisfacción que todos merecemos. A todo el mundo le ha sido dado un cuerpo capaz de sentir placer. ¿Por qué entonces la mitad de la humanidad debe sentirse avergonzada de disfrutarlo o hablar de él?

Quiero ofrecerte una alternativa al sistema de creencias que te ha influenciado en el pasado, un sistema que yo personalmente he incorporado a mi vida. Tu también puedes aprender a superar los mensajes dañinos que te tienen amordazada y disfrutar a plenitud tu sexualidad y lo que te hace feliz. Una vez seas capaz de reconocer que eres la dueña de tus sentimientos y que el sexo es para disfrutarlo, descubrirás lo que es sentirse verdaderamente libre.

¿Cómo cambiamos las creencias que nos han impuesto y que sabemos que no son buenas para nosotras? La respuesta es, como la hemos explorado en este capítulo: reconocer esas creencias, entender de dónde salieron, cómo se desarrollaron, y cómo han afectado nuestra autoestima. Necesitamos entender que los sentimientos sobre nuestros cuerpos no son totalmente accesibles al intelecto. Muchas de nosotras almacenamos esos sentimientos en partes de nuestro cuerpo y en el subconsciente, donde se hace difícil alcanzarlos.

Siguiendo la filosofía de Alcohólicos Anónimos, es necesario aceptar que no tienes el poder de cambiar tus creencias sobre la sexualidad a través del intelecto solamente. Tienes que reconocer el daño ya hecho, si ese es el caso, y admitir que no vives la vida sexual saludable que te mereces. Después tienes que aprender a canalizar tus instintos, tu poder superior, y el conocimiento de tu propio cuerpo. Si aceptas que tu poder superior siempre querrá lo mejor para ti, estarás dando el primer paso positivo hacia conectarte con tu sexualidad.

Por último, debes tomar la decisión consciente de apelar a tu propia sabiduría divina para que te guíe. Este paso ignora al intelecto por completo; es un salto en el vacío y un reconocimiento de que tú sabes qué es lo mejor para ti bajo cualquier circunstancia. Al confiar en tu sabiduría interior, puedes eliminar las creencias dañinas y remplazarlas con creencias saludables, que vienen de ti, para ti.

En última instancia, tienes que sentir que te mereces más. Si percibes el placer como algo sucio, nada cambiará. También es imperativo que te pongas en contacto con tu cuerpo, figurativa y literalmente (el ejercicio en el Capítulo 8 te ayudará en este proceso). El entender y aceptar de la manera que eres ahora —es decir, cómo tu mente ha sido influenciada por tu crianza y vivencia, y cómo tu cuerpo luce y se siente— es un paso importante hacia la comprensión y aceptación de tu particular naturaleza sexual.

El tan deseado cuerpo femenino es —y siempre ha sido— considerado un gran premio. Los hombres instintivamente buscan compañeras utilizando cualquier medio de evaluación que les han enseñado. Nos corresponde a las mujeres decidir quién se lleva el premio. A fin de cuentas, nosotras somos las que tenemos el poder en cuanto al sexo y por lo tanto es importante no utilizar ese poder para manipular a nadie. La mujer sabia no se entrega hasta que comprueba que el hombre vale la pena. Si somos tan tontas que nos dejamos impresionar por una atracción falsa, nunca nos daremos la oportunidad de disfrutar del afecto verdadero, y el resultado puede ser desastroso.

A muchas de nosotras nos criaron haciéndonos creer que una mujer experimentada que sabe mucho sobre el sexo es una cualquiera. Nada puede estar más lejos de la verdad. Saber es poder, y uno de los regalos más grandes que puedes hacerte es la seguridad que viene al ser dueña de tu sexualidad y de tomar las decisiones que te convienen.

6
¿QUIÉN PUEDE DETENERTE AHORA?

«Puedes aprender cosas nuevas en cualquier momento de tu vida
siempre y cuando estés dispuesta a ser una principiante.
Si logras aprender a disfrutar ser una principiante,
el mundo se abre ante tus pies».
—**Bárbara Sher, autora de** *It's Only Too Late If You Don't Start Now:*
How to Create Your Second Life at Any Age

El respeto a sí misma es el cimiento del verdadero éxito. Sin
él, el éxito no será sólido y verdadero; será externo, cen-
trado en fuentes ajenas, en vez de tu integridad interna. El
verdadero éxito es un sentimiento que el mundo exterior no
te puede dar ni quitar. No lo define el automóvil que guías ni
la casa en que vives. El verdadero éxito consiste en la habilidad de vivir una vida plena según y como tú la defines consiste en conocerte a ti misma lo suficiente como para darte
cuenta de que no importan los golpes que te dé la vida, tu carácter permanecerá constante.

Qué debe significar el respeto para ti

Desarrollamos nuestro primer concepto del respeto en el hogar y llevamos esas impresiones por el resto de nuestras vidas. De niñas, nuestros padres nos enseñaron a mis amigas y a mí a ser «mujercitas educadas», lo cual no tenía nada que ver con la escuela sino con tener un carácter y conducta aceptable: ser respetuosas, amables, obedientes y tener buenos modales. Existían muchas reglas abstractas sobre lo que una «mujercita educadas» supuestamente debía de hacer. Aparte de las características comunes de una persona educada, decir «por favor» y «gracias», la virtud más importante era mostrar respeto; respeto por las personas mayores sobre todo. Una idea lamentable en muchas culturas es que se espera que una mujer, no importa si tiene 12, 22 ó 42 años de edad, respete a cualquier persona que nació antes que ella simplemente porque ha vivido más y se supone que sea más sabia. También se espera que escuche y obedezca la opinión de los mayores sobre cómo ella debe actuar y expresarse, y con quién debe salir; en esencia, *quién* ella debe ser.

¿Qué debemos hacer cuando una persona mayor o un jefe hace un comentario sobre nosotras con el que no estamos de acuerdo? ¿No debemos tener la libertad de ser honestas y decir que, a pesar de que respetamos a esa persona, nos parece que lo que dice no es correcto? ¿No nos merecemos tener y expresar nuestras opiniones respetuosamente? Si la respuesta a estas preguntas es sí, ¿por qué se les critica tanto a las mujeres cuando expresan su desacuerdo? A muchas de nosotras nos han hecho creer que faltamos el respeto si expresamos cómo realmente nos sentimos. Expresarle tu opinión a una persona mayor, a un supervisor o a tu esposo no es una falta de respeto. Cuando nos quedamos calladas es que faltamos el respeto: a nosotras mismas.

Durante uno de mis seminarios, le pregunté a un grupo de mujeres y jovencitas latinas si en sus casas les habían enseñado las supuestas virtudes de mostrar respeto. Sin la más mínima duda, el grupo entero gritó: «¡Sí!».

Sabrina, una de las participantes, dijo: «A mí me enseñaron que nunca debía contestarle a una persona mayor, porque eso es una falta de respeto».

Ana, su hija de dieciséis años, coincidió: «Yo respeto a todos mis familiares mayores, aunque ellos no me respeten a mí. Mi padre me dijo que un día a mí me respetarían de igual manera, pero que por ahora tenía que hacer lo correcto y mostrarles consideración, sea como sea. Contestar es una ofensa seria en mi casa, aun cuando trato de hacerlo con cortesía». Su mamá asintió con la cabeza, como si eso fuera absolutamente normal.

Pregunté al grupo si había pensado sobre este dilema. Una mujer de veinte y pico de años respondió: «Nunca pienso en eso, las cosas son como son».

Otra adolescente añadió: «Es cosa de la familia. Todos los parientes se ayudan con el cuidado de los niños, y por eso todos los niños tienen que respetar a todo el mundo como si fueran sus padres».

La joven había tocado un punto muy importante. En la cultura latina, y en la mayoría de las sociedades tradicionales, se acostumbra a que la familia completa ayude a criar, educar y disciplinar a los niños. Una tía, tío, incluso un primo, tienen voz y voto en la crianza de un niño. Lamentablemente, la disciplina familiar a veces va demasiado lejos. Debido a que a las mujeres se les enseña a respetar a los mayores sobre todas las cosas, ellas reciben insultos por parte de los adultos de la familia y no tienen a quien recurrir. Esto es en sí una violación del respeto propio de esa jovencita que le menoscaba su seguridad en sí misma. En última instancia, alguien con una baja autoestima comienza a creer que es apropiado y natural que la maltraten. A menudo, la manera en que nuestros mayores nos tratan alimenta la imagen negativa que podemos tener de nosotras mismas, y disminuye nuestra capacidad de amarnos. ¿Cómo puede una niña crecer para llegar a ser una mujer que se respeta a sí misma cuando la tratan con desprecio desde chiquita?

Como mujeres, debemos reconocer que esta definición cultural del respeto es falsa y que el respeto verdadero es una calle de dos vías. Me rompe el corazón ver a mujeres de treinta y cuarenta años que todavía permiten que sus familias las rebajen. Esas mujeres siguen luchando por valerse por sí mismas cuando tienen que lidiar con personas fuera de la familia, incluidos amistades, novios, colegas y jefes. Debido a que han sido condicionadas tan bien, algunas mujeres nunca aprenden la simple destreza de pedir lo que necesitan y desean; ni tampoco aprenden a decir que no. Si queremos que nos tomen en serio, debemos demostrar fuerza y convicción, lo que podemos lograr trazando una línea en la arena, para demarcar nuestro territorio.

Los límites exigen respeto

Las relaciones saludables se basan en los límites establecidos y son enriquecedoras y prácticas. Las relaciones son dañinas y disfuncionales cuando son demasiado íntimas o demasiado distantes, demasiado rígidas o demasiado flexibles. Debido a que son los hombres quienes establecen fronteras en la mayoría de las culturas, las mujeres nunca tienen la oportunidad de fijar límites, y las mujeres que no establecen límites dejan que otras personas infiltren sus vidas de modo inapropiado. Esas mujeres tienen dificultad en determinar cuándo algo no es asunto de nadie más que de ella. Como resultado sufren de falta de privacidad en su espacio mental, emocional y físico.

Mientras más claramente tracemos nuestros límites, más saludables seremos como individuos y como parejas en cualquier tipo de relación. Las fronteras definen lo que es apropiado que sintamos, limitan lo que permitimos que nos afecte y nos recuerdan lo que podemos rebasar. Las fronteras determinan cómo permitimos que otros nos traten, y es crucial que delimitemos nuestros territorios en todos los aspectos de nuestras vidas. Los límites familiares nos ayudan a reconocer dónde termina la familia y dónde empezamos nosotras como individuos, y no podemos esperar realizar nuestro potencial si no abrazamos nuestra propia identidad. Verás que cuando tomes la decisión de establecer y jugar de acuerdo a tus propias reglas, la actitud de otros cambiará. Cuando aprendemos a ignorar la crítica gratuita de nuestros familiares, a poner oídos sordos a comentarios que sabemos nada tienen que ver con nosotras, nuestros parientes comenzarán a tratarnos con más respeto. Cuando demostramos fuerza de una manera correcta y cordial, veremos que realmente podemos controlar cómo nos trata la familia y todos los demás.

La mayoría de las mujeres realmente desea dar fin a la irrespetuosidad de la que es objectos, pero no sabe cómo hacerlo. A pesar de que intelectualmente creemos que es apropiado expresar nuestra opinión, nunca nos dijeron que teníamos el derecho a hacerlo. Solamente nos enseñaron, sin más explicación, que no debíamos hacerlo. Como resultado, creemos que la irrespetuosidad es algo malo, pero no sabemos por qué. Una de las maneras en que las mujeres tratan de esconder su vergüenza por permitir que les falten el respeto es restándole importancia, y por lo tanto dejando que continúe. La realidad es que por mucho que tratemos de minimizar la falta de respeto, siempre nos afectará subconscientemente, y nos hará dudar de nosotras mismas. Debemos valorizarnos lo suficiente como para creer que vale la pena defendernos.

En otras palabras, es crucial que exijas respeto o aceptes las consecuencias si no lo haces. Una vez fijas tus límites, estarás mejor preparada para definir aquello que es aceptable o inaceptable en tu vida. Nos merecemos que todas las personas que forman parte de nuestra vida nos traten con respeto, incluidos nuestros padres y familiares, no importa su edad. Tenemos que demostrar a través de nuestras acciones que no toleraremos que nadie se pase de la raya. Recuerda: siempre tienes el derecho de decir, «Por favor, no me hable de esa manera». La mayoría de las mujeres tiene dificultad con este concepto. ¿Por qué? Porque sentimos que no merecemos mejor tratamiento y que no tenemos el derecho a exigir respeto. Si un pariente nos dice que estamos equivocadas o que somos estúpidas o débiles, ¿qué nos prohíbe mirar a esa persona a los ojos y decirle, con serenidad y fuerza interna: «Pues, no lo soy. Esa es tu opinión, pero por favor no vuelvas a faltarme el respeto hablándome de esa manera». El problema se agrava cuando nos acostumbramos a dejar que nuestros familiares nos hablen de una manera negativa, ya que esa tolerancia se traspasa a otras áreas de nuestra vida. Ahí es cuando nuestras fronteras nos salvan o nos hunden, nos reprimen o nos hacen indomables.

Fijar límites significa tomar responsabilidad, ser una persona adulta, y exigir igualdad y respeto; significa pasar una raya en el piso y decir: «No puedes poner ni la uña de un pie más allá de esta raya», y decir «no» a las cosas que no te convienen, pase lo que pase, estés donde estés o con quien estés. La necesidad de límites surge de un profundo sentido de nuestros derechos, especialmente el derecho a ser quienes somos. Según aprendemos a valorarnos, a escucharnos y a confiar en nosotras mismas, cuando nos arriesgamos a tomar decisiones importantes, nuestras fronteras se hacen más claras y más fuertes con el transcurso del tiempo.

El respeto es tu derecho desde que naces; lo mereces y debes exigirlo, comenzando en casa y continuando a través de todas las etapas de tu vida.

Exigir respeto en el mundo de los negocios

«El respeto no se otorga: se gana». Suena bien, ¿no? En realidad eso es sólo una excusa que usa la gente para justificar su trato irrespetuoso de los demás. Como ya he dicho, el respeto es tu derecho y tú puedes exigirlo en todo momento. Todo el mundo merece un cierto nivel de respeto por el solo hecho de ser seres humanos. No existen excusas para que nadie te falte el respeto, ni nunca debe haber excusas para que tú se lo faltes a otra persona.

Alguna gente en el mundo professional trata de buscarle una razón a su falta de respeto. Después de graduarme de la universidad, entré a trabajar en una compañía que presta servicios de consulta a las corporaciones. Antes de

tener mi primera sesión con el administrator y varios vice-
presidentes de una conocida compañía de embarques, estuve conversando con la presidenta de mi compañía y
nuestros invitados. Uno de los clientes dijo: «No entiendo la
diferencia entre hispano y latino. Temo llamarlos uno o lo
otro para no ofenderlos».

«Comprendo», le dije con delicadeza antes de proceder a describirle los diferentes matices de las comunidades
hispanas.

En medio de mi explicación mi jefa me dio un codazo y
dijo en alta voz: «No, Yasmin». La miré confundida, pero
continúe hablando. Una vez más me interrumpió rudamente
diciendo: «¿Por qué no discutimos los objetivos de la clase
de hoy?».

Me enfurecí porque me había faltado el respeto desca-
radamente. Aparte de frente a quien me faltó el respeto, ella
no tenía derecho a hablarme de esa manera. «Doctora Johnson», le dije bajito, «¿puedo hablarle en privado por un momento?».

«Tu clase va a comenzar. ¿No puedes esperar hasta que
termine tu sesión?», me preguntó.

«No puedo», respondí. Fuimos al pasillo y le dije:
«Tengo que decirle que no aprecio la manera en que me ha
faltado el respeto».

«¿De qué hablas?», preguntó.

«La manera en que usted me mandó a callar es inaceptable. No merezco que me trate de esa manera».

«Yasmin, tú todavía no te has ganado tu puesto. No
puedes dar tu opinión cuando se te ocurra. Los clientes no te
conocen; tienes que ganarte su respeto primero».

«Lo entiendo, pero me parece que de la manera en que
usted manejó la situación estuvo mal. Si tenía algún problema con lo que dije, debía haberme hablado a solas».

«¡Estos son unos clientes muy importantes!», contestó la Doctora Johnson tratando de defenderse por haber sido irrespetuosa.

«Puede que así sea, y como presidente de la compañía tiene la responsabilidad de no perder estos clientes, pero no a costa mía», le dije.

«Lo siento, Yasmin», contestó con cierta vergüenza. «Tienes razón. Debí haber manejado la situación de otro modo. ¿Podemos volver a la clase? Los ejecutivos están esperando por ti».

La sesión fue todo un éxito, pero fue la última que di para la Doctora Johnson. Poco después de eso presenté mi renuncia. A pesar de que ella me había pedido disculpas por su conducta, supe que mi jefa tenía la reputación de maltratar a sus empleados. De haberme quedado, tarde o temprano me hubiera faltado el respeto de nuevo y supe desde ese momento que de yo haberlo permitido, me estaría dando un mensaje subconsciente a mí misma de que yo no valía. Entendí desde entonces que el respeto es una calle de dos vías, y que si mis colegas no acataban las reglas del juego que yo consideraba justas y razonables, entonces yo tendría que abandonar el juego.

La mujer empoderada

¿Cuáles son los secretos de las mujeres triunfadoras que no se avergüenzan de su poder?

Esas mujeres saben que la culpa es un juego en el que ellas pueden decidir no participar; se conocen muy bien y se aman a sí mismas; imponen su voluntad para crear sus vidas, en sus propios términos; y saben que el respeto propio

es equivalente al poder. ¿Cómo llamo a esas heroínas coti-
dianas de sus propias vidas que viven las vidas que escogie-
ron? Las llamo espíritus indomables. Una mujer que tiene el
control de su vida exhibe ciertas características y estrategias
que le permite destacarse en todo lo que hace.

- Ella no compromete su respeto a sí misma.
- Ella no deja que heridas, errores o vergüenzas del
pasado la detengan.
- Ella usa sus temores como combustible para impul-
sarse hacia la cima.
- Ella expresa completamente su poder y su vulnera-
bilidad.
- Ella sabe como vivir, amar, trabajar, y divertirse con
todo su corazón.
- Ella ha creado instrumentos para lidiar con cual-
quier tipo de situación o persona.
- Ella tiene el valor de descubrir todo su potencial.
- Ella ha creado un plan original para alcanzar todos
sus objetivos.

Las mujeres indomables brincan barreras y tumban
paredes. Cuando quieren algo con intensidad, no hay nada
en el mundo que no hagan para obtenerlo, siempre y cuando
no sea ilegal, cruel o dañino. Esas mujeres se sobreponen al
miedo, a la duda, y a menudo a la adversidad, para lograr lo
que otros quizás vean como un sueño imposible. Donde
otros solamente ven limitaciones, esas mujeres marchan al
frente con valentía a explorar nuevos mundos y alcanzar
grandes sueños, e ignoran las advertencias de «eso no se
puede», o «no se debe hacer». Ningún obstáculo es insupe-
rable para la mujer de espíritu indomable.

Llegar a ser una mujer poderosa es un proceso. Antes de triunfar tenemos que creer que merecemos triunfar. A veces esto es difícil porque hemos crecido recibiendo mensajes confusos, y a veces incorrectos, sobre nuestro lugar en el mundo. Si de niñas no nos tratan con respeto, después tenemos que trabajar más duro para reemplazar creencias negativas sobre nosotras mismas con otras creencias positivas. Al ser reprimidas, nuestra capacidad de ser indomables se sofoca y se apaga. La única manera de salvarla es amándote a ti misma y dejando que tu verdadero yo florezca, aunque te critiquen.

Los secretos de su éxito

Un artículo publicado en *Harvard Business Review* revela que en la década de los setenta, las mujeres triunfaban de la única manera en que podían hacerlo: imitando las cualidades y características de sus colegas masculinos. Pero hoy día, muchas mujeres se dan cuenta que a pesar de que es conveniente aprender el juego que sus madres no les enseñaron, no tienen que necesariamente seguir los métodos o ideas tradicionales sobre cómo las personas en posiciones de poder deben actuar, pensar o liderar. Ahora más y más mujeres hacen lo que les viene de una manera natural: confían en sí mismas para abrirse camino y desarrollar sus propias reglas del juego. A continuación reproducimos citas de diez mujeres, las cuales contienen «secretos» vitales para el éxito. A pesar de que cada mujer proviene de un trasfondo cultural y social diferente, el hilo que las une es su respeto a sí mismas y a sus talentos particulares. Si logras incorporar estas lecciones a tu vida, tú también puedes llegar a tener un espíritu indomable.

Secreto #1

«Las mujeres exitosas no proceden con cuidado, especialmente si ven que la opción arriesgada es su única opción».

—Bárbara Olson, asistente fiscal federal que murió a bordo del avión que se estrelló contra el Pentágono el 11 de septiembre del 2001.

Arriesgarse es difícil porque no existen garantías. El miedo a lo desconocido puede ser un obstáculo hasta para la más atrevida de las mujeres. Pero debido a que el riesgo es un elemento integral del éxito, tomar riesgos inteligentes y bien calculados es absolutamente necesario. Ten en cuenta lo siguiente:

• No te enfoques en lo negativo. Mejor, considera todos los beneficios posibles. Nunca llegarás a la cima de la montaña si siempre estás mirando hacia abajo.

• Pesa los pros y los contras. No tiene sentido arriesgarse por algo que resultará en poca ganancia. Pregúntate: ¿exactamente qué estoy tratando de obtener al tomar este riesgo? Siendo realista, ¿cuáles son las posibilidades de éxito? ¿Qué ganaré o perderé si sigo adelante o si me quedo donde estoy?

• Acepta el miedo, pero nunca dejes que te paralice. Utiliza tus propios instintos para agudizar tu conciencia ante cualquier situación. El miedo debe servirnos de advertencia, pero no ser un obstáculo que nos impida seguir adelante.

- Infórmate bien y asegúrate de que tengas la información correcta. Mientras más sabes sobre una situación, mejor podrás evaluar los riesgos implícitos.
- Analiza el peor de los casos. Muchas veces encontrarás que las cosas no son tan malas como pensaste.

Secreto #2

«Juega como un hombre hasta que puedas cambiar las reglas del juego».
—Gail Evans, vicepresidenta ejecutiva de CNN y autora *best-seller.*

En su libro *Play Like a Man, Win Like a Woman,* Gail Evans ofrece consejos para triunfar en una sociedad dominada por los hombres. Evans comenzó a trabajar con CNN cuando la compañía se fundó en el 1980, una época en la que las periodistas en las estaciones de televisión eran sinónimo de bellas mujeres presentadoras. Para 1996 había llegado a vicepresidenta ejecutiva de la cadena de noticias por cable, ya que supo jugar según las reglas de los hombres hasta que logró moldear su propia versión del mundo corporativo.

Cualquiera que sea el campo profesional al que decidas entrar, necesitas conocer el terreno de juego, aunque luego decidas que quieres crear tu propio juego. En su libro, Evans cuenta la historia de la presidente de la Cruz Roja, Bernadette Healy. En su anterior empleo con National Institutes of Health (NIH), Healy, una cardióloga, hizo bien su trabajo y recibió promociones hasta llegar a la presidencia en 1991. Dos semanas más tarde, anunció la creación de Women's Health Initiative, un programa de investigación sobre la salud de la mujer. Hasta entonces, toda la investigación científica del NIH se había enfocado en las enfermedades que afectan a los hombres. Los fondos de investigación se usaban para hacer tests a las medicinas y tratamientos para los hombres principalmente. Aunque parezca increíble, hasta un estudio sobre el estrógeno y los ataques cardíacos se llevó a cabo entre los hombres en vez de las mujeres que son las más susceptibles a este problema. No debe sorprendernos que muy pocas mujeres fueron incluidas en los paneles de evaluación que aprobaron esos estudios. La iniciativa sobre la salud de la mujer que Healy instituyó produjo un cambio radical en la manera en que los proyectos de investigación recibían fondos. Se necesitó una tremenda cantidad de esfuerzos para lograr un cambio dentro de las burocracias académicas y de investigación científica, pero Healy lo logró al crear su propia agenda.

Evans y Healy demuestran una realidad que, más tarde o más temprano, muchas mujeres profesionales tienen que reconocer: Todavía vivimos en una sociedad dominada por los hombres, y para triunfar necesitamos manipular el sistema desde adentro. Está bien jugar de acuerdo a las reglas de los hombres y ganar, pero mejor aún es cuando tú puedes establecer las reglas tú misma.

Secreto #3

«A veces no es suficiente tocar a una puerta. ¡A veces hay que derribarla!».

—Marion Luna Brem, autora de *Women Make the Best Salesmen* y *The 7 Greatest Truths About Successful Women*

A la edad de treinta años y madre de dos hijos, Marion Luna Brem recibió una noticia devastadora: tenía cáncer y le daban entre dos y cinco años de vida. Brem no tenía trabajo ni seguro de salud, y su preocupación más inmediata era cómo pagar el alquiler del siguiente mes. Ella describe ese periodo de su vida como «una pesadilla viviente». No tenía otra opción que luchar, sino por ella, entonces por sus hijos. Primero tenía que encontrar un trabajo para poder pagar su tratamiento médico. «Tú eres buena tratando con la gente. ¿Por qué no pruebas ser vendedora?», le sugirió una amiga. Lo que menos se imaginó Brem en ese momento fue que terminaría administrando su propio negocio.

Después de deiciséis entrevistas infructuosas, consiguió empleo como vendedora de automóviles. A las doce semanas la nombraron vendedora del mes, y para el final de su primer año había recibido una placa de reconocimiento que la proclamaba la vendedora del año. Con el cáncer en remisión, Brem compró su propia agencia de ventas cuatro años y medio más tarde de haber vendido su primer carro. En los próximos diez años las puertas de la oportunidad se abrieron a su paso cuando, abrazada a su fuerza indomable, continuó expandiendo sus franquicias. ¿Qué hace a esta mujer, que alcanzó su posición gracias a sus propios esfuerzos, un dínamo arrollador?

- Persistencia
- Resistencia y flexibilidad

Estas cualidades son algunos de los elementos más importantes para el éxito. La persistencia te mantiene en movimiento hacia delante, y la resistencia y flexibilidad te ayudan a sobreponerte cuando las cosas no salen como esperabas. Nadie puede controlar de donde viene, ni podemos permitirmos quedarnos atascados por que hay algún tipo de disfunción en nuestras vidas. Lo que sí podemos hacer es ir superando los obstáculos que vayamos encontrando en el camino. Cuando realmente sabemos el potential que tenemos, aceptamos la idea de tomar riesgos porque sabemos que con cada intento estamos un paso más cerca de quitarle el cerrojo a las puertas del éxito.

Ser persistente no quiere decir que nunca aceptarás «no» como respuesta; quiere decir que puedes retar las normas y opiniones de otras personas y confiar en ti misma por completo para decidir el rumbo de tu vida. Sin persistencia, la vida de Brem hubiera tomado otro rumbo. Su mensaje es: tienes que creer en ti misma para luchar por lo que deseas.

Algunas personas creen que nacemos con o sin resistencia y flexibilidad. No estoy de acuerdo con eso. Yo, al igual que Brem, creo que tu capacidad de resistencia no es genética. Ni que existen límites para cuán resistente y flexible puedes llegar a ser. Para aumentar esa cualidad hay que cambiar la manera en que ves la adversidad. Los estudios demuestran que la resistencia y flexibilidad son la clave del éxito y la felicidad, porque demuestran el grado de control que tenemos sobre nuestras vidas. Puedes enseñarte a ti misma cómo obtener la capacidad de ser resistente y flexible con la ayuda de los ejercicios que aparecen en el Capítulo 8. Una vez te permitas a ti misma ser fuerte —ser una sobreviviente en vez de una víctima— podrás cambiar profundamente la manera en que bregas con los obstáculos, fracasos y desilusiones. La resistencia flexible transforma las dificultades en retos, los fracasos en éxito, y la impotencia en poder. Como dice Brem: «El valor no es un regalo, es una decisión».

Secreto #4

«Cualquier persona que posea un fuerte 'por qué' puede soportar cualquier 'cómo'».

—Yrma Rico, autora y fundadora de Entravision

Tener un propósito es la llama que prende el fuego de los espíritus indomables. Cuando se presenta una situación difícil, la mujer que usa su poder de intención puede superar cualquier obstáculo. La mujer con propósito no deja que nada ni nadie le obstaculice el camino hacia su objetivo.

El camino que Rico describe es la carretera H.L.Q.S.N.: Hacer Lo Que Sea Necesario. Si seguimos ese camino lograremos convertir problemas en oportunidades. Nos ayuda a entender que lo que nos suceda no es lo que importa; lo que hacemos con lo que nos ha tocado en la vida es lo que determina la calidad de nuestra vida. A pesar de que hay muchas que escriben «listas de culpables» para calmar su frustración, en el fondo saben que ellas y sólo ellas son responsables de sus circunstancias. A cada una nos toca tomar control de la calidad de nuestras vidas, y para lograrlo tenemos que encontrar nuestro propósito. Una vez lo hallamos, ese propósito encenderá nuestra pasión, que es una poderosa fuente de energía. Cuando sientes pasión por lo que haces, a dónde llegarás no será tan importante como el viaje. Sin pasión ni propósito es casi imposible mantener el alto nivel de energía e interés que necesitas para hacer «lo que sea necesario». Es tu opción. Puedes optar por vivir tu vida al máximo, haciendo actividades con propósito y pasión; o llevar una vida mediocre en la que no eres más que una observadora. Todas tenemos la capacidad de alcanzar la grandeza, pero solamente después de reconocer nuestra propia grandeza.

Secreto #5

«Los errores son parte del precio que pagamos por vivir una vida plena».

—Sophia Loren, actriz

Las mujeres indomables no creen que cometer un error equivale a fracasar. Ellas ven los errores como oportunidades para aprender y desarrollar nuevas destrezas y estrategias de supervivencia. El fracaso implica pérdida, que nada se ha ganado; sin embargo, es a través de los fracasos que ganamos más conocimientos sobre nosotras mismas, sobre los demás y sobre la vida. Los errores son inevitables, pero para triunfar en cualquier cosa es esencial convertir los fracasos en lecciones aprendidas. Yo creo firmemente que mientras más errores cometes, más profundo es el conocimiento que ganas. La mujer indomable entiende que cada error la acerca un paso más a realizar su sueño. Ellas no sienten lástima de sí mismas, porque ese es un sentimiento que nada aporta. Ellas hacen correcciones o resuelven problemas, analizan la situación y continúan adelante con la cabeza, el alma y el corazón, mucho más fuertes que antes. No podemos aprender a levantarnos y andar hasta tanto no hayamos sufrido la frustración de caernos, a veces una y otra vez. Entender esa frustración nos hace más fuertes. La única vez que un error es un verdadero fracaso es cuando dejamos que nos frene de alcanzar nuestro objetivo y nos destroce el espíritu.

Secreto #6

«Cree en ti misma y llegará el día en que otros no tendrán más remedio que creer igual que tú».

—Iyanla Vanzant, autora y especialista en autoayuda.

«Me amo mucho», Iyanla Vanzant una vez dijo a los participantes en uno de sus seminarios. «Me amo a mí misma porque sé que Dios me creó a su imagen y semejanza. Yo soy la que me vuelvo loca tratando de ser totalmente perfecta. Fíjense, la diferencia entre ustedes y yo», siguió, «es que yo sé que estoy loca, y acepto y creo en mi loco yo. Todas ustedes siguen tratando de ser perfectas y no se dan cuenta de que son sus imperfecciones las que las hacen tan perfectas. Así que dejen ya de tratar de convencer a otros de lo maravillosas que son y aprendan a creer que en realidad lo son».

No puedes esperar que otros crean en ti si tú no crees en ti misma. Todas sabemos que esto es cierto en teoría. Pero nos olvidamos de aplicarlos a nuestro diario vivir. A menudo esperamos que otros nos den el pie para darnos cuenta de nuestro valor. El problema es que no podemos esperar hasta que otros vean lo gloriosas que somos antes de nosotras verlo por nuestra cuenta. Tenemos la responsabilidad de creer en nosotras mismas primero. Además de los ejercicios que encontrarás en el Capítulo 8, toma en consideración lo siguiente:

- Necesitas creer que lo que piensas, sientes y deseas es tan importante como lo que otros piensan, sienten y desean. Repite sin excusarte: «Yo quiero, yo prefiero, yo decido, yo deseo, yo _____» (añade lo que quieras). ¡Y no cambies de idea!

- Toma responsabilidad de tu vida. Debes aprender a sentirte cómoda con tu poder; sin excusas, ni a medias aguas y sin culpar a nadie.

- Sé el yo más auténtico que puedas ser. La gente respeta y admira a los individuos que viven su verdad y son honestos con ellos mismos. Eso quiere decir que debes amarte y admirarte con imperfecciones y todo.

Secreto #7

«La voluntad de aceptar responsabilidad por nuestra propia vida es la fuente de donde brota el respeto propio».
—Oprah Winfrey

Vivimos en una sociedad acusadora. Para sobrellevar situaciones y sentimientos desagradables culpamos a otros, desde nuestros padres hasta el gobierno o la cucarachita Martina. La mujer indomable rehúsa caer en esa mentalidad de «yo saldría adelante si no fuera por _____».

La mujer empoderada se da cuenta de que cuando hace responsable de su fracaso a otra persona u otra fuerza externa, se prohíbe a sí misma triunfar. Prácticamente entregas tu poder cuando demuestras que otros tienen más control sobre tu vida que tú. Las mujeres indomables no aceptan esa mentalidad de víctima. Debes entender que hay ciertas cosas en la vida que tú no puedes controlar, como la naturaleza, el pasado, otras personas. Pero hay cosas que están absolutamente bajo tu control: tus pensamientos, tus acciones, tu opinión de ti misma. Tomar responsabilidad de tu vida es la acción más poderosa que puedes tomar, y aquí tienes tres pasos para que empieces a andar hacia tu futuro. Inmediatamente:

- Haz un análisis detallado de los valores y opiniones que otros expresan, y después adapta esas ideas a tu visión de lo que tú deseas.
- Conviértete en causa y efecto. No esperes a que otros «hagan algo» mientras tú esperas y sufres.
- Entiende que la independencia y la responsabilidad personal son los ingredientes principales del poder personal.

Secreto #8

«No sigas hasta donde pueda llegar el camino. Ve por donde no hay camino y abre una brecha»
—Selena

En vida, Selena fue la reina de la música tejana. Después de muerta, la cantante de veintitrés años de edad se convirtió en una leyenda. A pesar de que no hablaba bien el español de pequeña, lo aprendió para convertirse en la más grande estrella de un género musical arraigado en México y cruzar la frontera entre la canción tradicional mexicana y la música popular norteamericana. En su adolescencia, Selena ya era conocida en México y gran parte de América Latina; y al momento de su trágica muerte, estaba al borde de una posición sin precedente en la música estadounidense. Selena se ganó el corazón de su gente mexicoamericana porque les dio un rostro y una voz que los enorgullecía.

¿Cómo pudo esta joven mujer crear un legado tan grande en tan corto tiempo? Porque era diferente. Selena abrió un camino completamente nuevo. Si puedes ver tu camino extenderse frente a ti, hay algo muy claro. Ese no es tu camino. Toda mujer es única y poderosa, y puede seguirle los pasos o abrir el camino que le convenga. Los caminos propios se crean con acciones, no siguiéndole los pasos a otros. Ésta es una idea que puede darte miedo. Pero debido a que todas tenemos nuestras fuerzas y talentos, tiene sentido trazar nuestras propias rutas. Nos han creado para compartir con el mundo nuestros talentos especiales, cualquiera que estos sean. Vivirás con propósito cuando escuches a tu corazón y descubras tu propio camino.

Secreto #9

«La verdad te hará libre, pero primero te enfadará».
—Gloria Steinem, activista política y social

La verdad puede irritarte, frustrarte y enfurecerte porque confrontarla es mucho más difícil que vivir una mentira. Pero más tarde o más temprano, la verdad es ineludible, y esto puede ser algo positivo. Decir la verdad, a ti misma y los demás, es un acto de liberación. Una vez aceptas la verdad, especialmente sobre algo que te molesta, puedes por fin comenzar a actuar sobre ello. Como dicen en Alcohólicos Anónimos, una vez confiesas que no tienes control de tu adicción es que puedas comenzar a cuarte. Cuando se niega un problema, se empeora. El siguiente dicho tiene un gran significado: «La gravedad de tu enfermedad depende de la gravedad de tus secretos».

Vivir en la verdad quiere decir ver las cosas tal y como son. Quiere decir que rechazamos la negación. A veces, como esposas, amigas, o madres, nos inclinamos a idealizar nuestra vida y la vemos como pensamos que otros quieren verla. Cuando vivimos ignorando la verdad nos hacemos víctimas de nosotras mismas. A veces no entendemos por qué nos suceden ciertas cosas o por qué ciertas situaciones terminan mal. Si podemos identificar la raíz del problema, entonces podemos determinar si la situación estaba basada en verdades o falsedades.

A pesar de que puede parecer contradictorio, siempre sabemos, aunque sea en el ámbito subconsciente, cuándo es que estamos viviendo en la negación. Lo que sucede es que usualmente ignoramos la verdad porque nos conviene mantener las mentiras sobre las cuales hemos construido nuestro mundo.

- Vivir en la verdad no es lo mismo que decir la verdad: va mucho más lejos.
- Vivir en la verdad quiere decir que nunca te mientes a ti misma.
- Vivir en la verdad quiere decir estar consciente de cuándo mientes, por qué mientes, y a quién mientes, y tomar acción para corregir esa conducta.
- La decisión de empezar a vivir en la verdad es en sí una decisión de tu libre albedrío.

Secreto #10

«He sido popular e impopular, exitosa y fracasada, amada y detestada, y sé muy bien que nada de eso tiene importancia. Por lo tanto, me siento libre de tomar cualquier riesgo».

—Madonna, artista y empresaria

Ya sea que la ames o la detestes, no se puede negar que Madonna vive su vida a su manera y es tremendamente exitosa. Eso es porque ella sabe que no importa lo que haga o deje de hacer, siempre habrá alguien que la critique. Lo que esta mujer indomable ha aprendido bien es que cada persona tiene un modelo de su propio mundo. Ningún modelo es correcto o incorrecto; todos son diferentes. Cuando aprendemos a aceptar que nuestro modelo del mundo no es como el de los demás, nos sentimos liberadas. Nuestras expectativas son nuestras expectativas y no tenemos que complacer a nadie excepto a nosotras mismas. ¡Hasta podemos llegar a sentir compasión por quienes nos critican!

Derrochamos demasiada energía tratando de cambiar a otros a lo que creemos es bueno para ellos. Perdemos tanto tiempo y emociones juzgando a otros que nos olvidamos de que las diferencias son valiosas. Cuando logras escaparte de la presión de sentirte juzgada es que obtienes verdadera libertad. Cuando ya no necesitas el aplauso de los demás para apreciar tu propio valor, ganas la habilidad de arriesgarte.

Cómo convertirte en una mujer indomable

La base para superar el miedo es confiar en que podrás lidiar con el resultado de cualquier situación. Todo lo demás se levanta sobre esa base y por lo tanto tienes que estar segura de que esa base es sólida. Si no confías en el proceso de enfrentar lo desconocido con paz mental, te darás por vencida el momento que algo salga mal. Cuando vivimos preocupadas por la incertidumbre, perdemos tiempo y energía buscando desesperadamente una respuesta. Lo sé por experiencia propia. Lo que debemos entender es que la respuesta que buscamos usualmente se encuentra dentro de nosotras mismas: no hay necesidad de buscar en otro lado. Ante la incertidumbre, necesitas confiar en ti misma, en tus instintos, en tus entrañas, en tu poder superior, tus creencias y tu inteligencia.

La vida se trata del viaje, no del destino final. Tus experiencias de hoy te ayudarán a decidir tu mañana. El atractivo de la incertidumbre es que una vez logras vencerla al encontrar tus propias respuestas, dejarás de ver lo desconocido como algo que da miedo. Cuando confías en ti misma lo suficiente como para proveer tus propias respuestas, terminas creando tu propio mundo, a tu manera. Esa libertad te permite crecer y alcanzar tu plenitud, ya sea en establecer tu propio negocio, o mudarte a tu propio apartamento, o aceptar un empleo de alto rango. O tomamos control de nuestra vida o dejamos que la vida nos controle.

Como has comprobado en las páginas de este libro, no estás sola. Muchas mujeres han sufrido tragedias y contratiempos, y los han superado. Tú también puedes convertirte en una mujer indomable, con un espíritu imparable, si recuerdas lo siguiente:

- Siempre exige tu respeto a ti misma.
- No temas arriesgarte.
- Sé persistente, fuerte y flexible.
- Aprende las reglas y después crea las tuyas propias.
- Abraza lo desconocido y acéptalo como un reto.
- Convierte tus errores en lecciones aprendidas.
- Enmudece a los críticos, especialmente si tú misma eres tu peor crítico.
- Encuentra tu propósito y dedícate a él apasionadamente.
- Comprométete a hacer lo que sea necesario para alcanzar tus objetivos.
- Ámate y confía en ti misma, con imperfecciones y todo.

El consejo más importante que puedo ofrecerte es que cuando tengas que tomar una decisión, busques las respuestas a tus preguntas dentro de ti misma. Cada persona es única, y lo que me funciona a mí puede que no te funcione a ti. He aprendido que a menos que yo *sienta* que algo es bueno o correcto y que está dentro de mis valores morales, no funcionará para mí. Ciertas fuerzas externas te pueden guiar en la dirección correcta, pero no pueden tomar decisiones por ti. Solamente tú puedes hacerlo. Solamente tú puedes aferrarte a tu poder o recuperarlo.

«Otro mundo es
más que posible; está
en camino. En días callados,
la oigo respirar».
—Arundhati Roy, activista y escritora

7
MUJERES
EN CONTROL
CINCO MUJERES
EXITOSAS REVELAN TODO

«Las memorias de nuestras vidas, de nuestro trabajo y de
nuestros actos continuarán en otros»
—Rosa Parks, lider de derechos civilies

A través de las investigaciones que llevé a cabo para mi primer libro, y más recientemente durante uno de mis muchos seminarios, pregunté a cientos de mujeres qué es lo que en particular les gustaría ver incluido en un libro sobre el empoderamiento. Sin excepción, todas mencionaron que les gustaría ver incluidos ejemplos de mujeres que habían vencido obstáculos similares a los que ellas habían tenido que enfrentar. También querían que mujeres exitosas compartieran con ellas sus conocimientos y consejos sobre cómo convertirse en mujeres poderosas. Yo estoy segura de que estas cinco mujeres llenan esos requisitos. Sus historias, conocimientos y experiencias seguramente te van a inspirar a recuperar tu poder.

Rosario Marín

Tesorera Número 41 de Estados Unidos, candidata al Senado en 2004.

Después de que el Presidente George W. Bush la nombró Tesorera de Estados Unidos en el 2001, Rosario Marín se dirigió al Senado de esta manera: «Cuando llegué de México a la edad de catorce años, no hablaba inglés. Me sentía atemorizada». Nadie se hubiera imaginado que este icono de poder femenino se había visto forzada a vencer tantos obstáculos, algunos que parecían insuperables. Pero en realidad, la niña temerosa que no sabía inglés había desarrollado un espíritu indomable. Desde el principio, ella se había propuesto lograr sus sueños y a nunca aceptar la palabra «no» como respuesta, y lo consiguió: había triunfado a pesar de todos los obstáculos.

Luego de graduarse de la Universidad de Harvard y pasar varios años trabajando en el sector privado, Marín se dio cuenta de que necesitaba trabajar en una carrera donde pudiera satisfacer el deseo de servir a la comunidad. En 1964 fue elegida concejal en Huntington Park y re-electa por mayoría en 1999, antes de servir como alcalde de la misma ciudad, una subdivisión de Los Ángeles con 85,000 residentes. En un evento después de su confirmación como tesorera del país —la primera latina en alcanzar tan prestigiosa posición en el gobierno federal— Marín le sonrió al público y dijo: «Sólo en América».

Marín ha adoptado por completo los principios básicos de vivir una vida empoderada. Pero no deja de ser realista. «Aunque me asusta la idea, ¡lo haré!», dijo antes de lanzar su candidatura. «Nunca hay un momento perfecto para postularse al senado de Estados Unidos, tener un hijo o casarse, pero sí hay un momento adecuado. Mi abuela siempre me dijo: 'El que no se arriesga, no gana'. En la vida hay que tomar riesgos mesurados para triunfar».

La historia de Marín es una de luchas —luchas que ganó gracias a su determinación, a mantenerse fiel a sus creencias y a confiar en sí misma— pero ella no se queda estancada en los momentos difíciles. Ha llegado tan lejos gracias a su perseverancia, respeto a sí misma, fe y valor, y tomando riesgos calculados. Ha recibido su buena dosis de crítica de gente que pone en duda su valor. «Confronté muchas situaciones de muchas maneras diferentes. Tienes que tomar una decisión consciente de lo que estás haciendo y estar dispuesta a perder para llegar a ganar tu respeto propio. Si lo haces, en realidad nunca perderás. Tú defiendes lo que crees. Tengo mucha fe. Creo sinceramente que las cosas suceden por una razón y creo que todos estamos aquí con un propósito. Cuando defiendo mis ideas, ya sean sobre política o cualquier otra cosa, no sólo lo hago por mí, pero también por otros como yo. No es sólo por mi familia o por mi comunidad, es por familias y comunidades como las mías. Nuestras vidas llegan más allá de nosotras mismas».

Marín siente una especial devoción por los discapacitados, por la cual recibió el distinguido premio Rose Fitzgerald Kennedy en las Naciones Unidas en 1995. El premio, que es considerado uno de los más altos reconocimientos internacionales, había sido otorgado solamente una vez antes de que Marín lo recibiera. «Cuando tuve a mi hijo Eric, que nació con el Síndrome de Downs, yo tenía veintisiete años de edad y recién empezaba mi carrera política. Si llevaba a Eric a algún evento político, algunas personas me criticaban, hacían comentarios de que buscaba 'el voto de la piedad'. Si no lo llevaba, entonces comentaban que me sentía avergonzada de él. De ninguna manera quedaba bien.

Ese fue un momento decisivo para mí. Decidí que no tomaría más decisiones basadas en lo que otros pensaran. Tomaría mis decisiones de acuerdo con lo que yo pensara que era lo correcto. ¡Me importa muy poco lo que los demás piensen de mí! Claro que pido consejos a otras personas, pero siempre habrá opiniones conflictivas. Escucho el consejo, pero al final tomo mis propias decisiones. Es muy liberador hacer lo que uno cree que es lo mejor. Sinceramente creo que todos somos más grandes que nuestros desafíos. Todo lo que nos sucede nos prepara para las verdaderas pruebas de la vida».

Marín cree en sí misma sobre todas las cosas. Es una mujer imparable porque confía en su voz interior, su poder superior, su inteligencia, y su individualidad. «El respeto propio es estar consciente de tus creencias y defenderlas con convicción. Tienes que serte fiel a ti misma y a lo que crees. Si no puedes ser fiel a ti misma no puedes pedir a otros que lo sean. No puedes pedir algo que no estás dispuesta a ofrecer. No puedes pedir que te respeten si tú no te respetas a ti misma primero. Nunca comprometería mi propio respeto. Es mucho más fácil conservar la integridad que recuperarla. A fin de cuentas, lo único que tienes es a ti misma. Tienes que ser capaz de mirarte en el espejo y saber que no capitulaste para hacer lo correcto. Hay una línea que nunca se debe cruzar».

Marín nunca se cuestionó si viviría una vida de logros. Su habilidad para desarrollar su sistema de creencias personales la llevó por buen camino desde temprano. El respeto que se ha ganado de personas prominentes es testamento del respeto que se tiene a sí misma. Las reglas son simples: el respeto propio produce confianza, la confianza crea éxito, el éxito crea el respeto de otras personas. Esto es cierto, no importa nuestro nivel social. Si una mujer decide ser ama de casa, ella debe ser una esposa y madre con respeto propio; si una mujer decide entrar a la política, nunca debe comprometerse. «Siempre se debe hacer lo correcto, aunque nadie nunca lo sepa; siempre hay que dar lo mejor, aun cuando puedas dar menos; y siempre trata a todos con respeto. Eso es lo que le digo a mis hijos».

Claudia Trejos

Primera periodista latina en ser presentadora deportiva en Estados Unidos.

Desde su debut como presentadora de un noticiero deportivo en un canal de televisión en Los Ángeles en 1999, Claudia Trejos ha sido motivo de controversia. Criticada y hasta ridiculizada en algunos de los periódicos principales del país por su supuesta falta de experiencia y conocimiento sobre varios deportes, ella ha tenido que luchar cuesta arriba a pesar de su buena apariencia, profesionalismo y profundo conocimiento deportivo. Pero ella es una luchadora: «El infierno se congelará antes de permitir que ellos ganen», dijo en aquel momento. Trejos tiene un espíritu indomable y su historia es una inspiración para todas las mujeres. Recientemente hablé con ella sobre los desafíos que le han presentado la vida y los principios por los que se rige.

Claudia, háblame sobre los orígenes de tu familia.

Soy de raza mixta. La familia de mi padre es de origen turco. Mi mamá también es mixta, pero es básicamente colombiana, indígena colombiana, y además tiene algo de italiana por algún lado. Ella es definitivamente mestiza.

Tú eres una persona muy valiente. ¿Crees que naciste con ese coraje, o lo aprendiste? ¿Te vino naturalmente?

Es una combinación. Pero creo que lo llevo en mi sangre. Mi papá nunca terminó la escuela elemental, y ya te hable un poco de mi mamá. El valor está en mis genes. Yo creo que la vida nos pone pruebas para enseñarnos a bregar con situaciones. Y es así que se aprende a agarrar el toro por los cuernos.

Pero, ¿es tomando riesgos o qué? A muchas mujeres les pasan cosas terribles, pero se quedan aplastadas bajo el peso de los problemas.

Es una decisión que tomas. El problema con las mujeres que se quedan aplastadas es que se sienten más cómodas así. Mira, yo no me siento cómoda en el piso. Yo nunca dejaría que otra persona tome decisiones por mí. Esto es lo que yo quiero y lo voy a conseguir aunque mi vida peligre. No me siento cómoda sin probar, prefiero correr el riesgo que quedarme con la duda.

¿Y eso es lo que sientes que llevas en la sangre? ¿De verdad que nunca lo aprendiste?

No, no creo. Desde muy joven me preguntaba hasta dónde podría llegar, y siempre me empujaba al límite y me permitía explorar. Me parece interesante el hecho de que fui una niña muy tímida y callada. En la escuela elemental era muy introvertida pues soy disléxica y tuve muchos problemas con el aprendizaje. Aprendí a leer con un teleprompter y lo disfruté debido a que antes no podía hacerlo.

¿Así es que te gustan los retos?

Sí. Cuando tenía cinco años le dijeron a mi papá que yo nunca aprendería a leer. En esa época no se conocía la dislexia. Papá dijo: «Ella no es estúpida, ella va a seguir en una escuela bilingüe privada hasta que yo diga». No solamente aprendí a leer y a escribir sino que lo aprendí en dos idiomas. Hablo inglés desde los cuatro años.

De pequeña, el gran desafío era el que confrontaban mis padres. Cuando mamá o papá me decía que no por algo, yo tenía que saber por qué. Tenían que darme una buena razón, y si no me parecía válida, yo cuestionaba la falacia de sus contestaciones.

¿Y te lo permitían? ¿No era una falta de respeto?

No me lo permitían. Me costó muchas nalgadas. Pero finalmente aprendí a escoger mis batallas, porque si no, hubiera sido un infierno para mí. Y debo decir que muchas veces, según fui creciendo, me di cuenta de que no estaba librando las batallas necesarias. Así es que aprendí a escogerlas y a ser buena observadora. Aprendí que es mas fácil decir: «Lo siento» que pedir permiso. Creo que una de las cosas que me hizo ser la persona que soy es el hecho de que mi papá siempre esperaba lo mejor de mí.

Y lo que él esperaba, ¿era lo mejor para ti? Dado que él era un hombre tradicional, ¿no era entonces lo mejor de ti ser servil con tu hombre?

No, eso era una dicotomía en su vida. Ahora cuando conversamos, me dice: «Te estaba preparando para una era diferente, porque sabía que el mundo en el que yo vivía no era el mismo que tú ibas a heredar». Sí, y él también se dio cuenta de que no podía retenerme por mucho tiempo, especialmente debido a mi carácter. Sabía que si me mantenía muy apretada, yo me escaparía. Siempre fui muy inquisitiva. Papá sabía que mi curiosidad me llevaría muy, muy lejos.

¿Cómo te sientes siendo la primera presentadora latina de un programa deportivo en Estados Unidos?

Suena como una gran cosa, pero es solamente un trabajo. No te puedes vanagloriar mucho. No puedes dejar que las cosas, ya sean buenas o malas, te afecten demasiado. Eso puede hacerte perder la perspectiva de dónde vienes y hacia dónde vas. Mira, yo he tenido que vivir en mi carro, ¿sabes?

Has mostrado una increíble fortaleza al no rendirte ante la crítica. El «old boy network» puede tumbar a cualquiera.

Ay, sí. Y lo harían si lo permitieras. Es una batalla perdida. La realidad es que si yo fuera una presentadora anglo, no me criticarían del mismo modo. ¿Y sabes una cosa? Si te fijas bien, todos tienen un acento de algún tipo. Pero para ellos el problema no es solamente mi acento hispano. Se trata de que de pronto hay una presertadora hispana que mide cinco pies con dos pulgadas y pesa 120 libras. Ese es el problema.

¿Cómo lidiaste con esa crítica tan áspera?

Al principio me preguntaba, ¿Qué está pasando aquí? Entonces, de pronto, todo tenía sentido. Me di cuenta de por qué me atacaban. Así me sentí. Fíjate, la crítica empezó antes de llegar a este puesto, empezó cuando estaba en el Canal 22.

El diario *Los Angeles Times* también me criticó, y yo no sabía por qué. Decían: «De lo único que ella sabe es de soccer y de boxeo». Lo que ellos no entendían es que yo venía de una estación latina donde el fútbol y el boxeo eran el pan nuestro de cada día. Los Dodgers no eran la prioridad. Si había tiempo ponía algo sobre los Dodgers si ganaban un juego importante o perdían frente a un equipo más débil, o algo así. Cuando recibí la oferta de KTLA, pensé, Bueno, yo tenía el programa de deportes número uno en Los Ángeles y lo disfrutaba, porque por eso fue que comencé a narrar deportes: porque me encantan. Además, era una oferta que no podía rechazar. Así es que cuando empecé a trabajar aquí y la crítica empeoró, lo comprendí todo: soy una amenaza. Era una amenaza cuando estaba en el Canal 22 y soy una amenaza ahora que estoy en KTLA. Soy la persona que ellos no conocen. Salí del *left field* y no sabían qué esperar de mí; así que básicamente por seis meses sufrí la peor de las críticas simplemente porque no me conocían. Después de eso siguieron escribiendo y hablando sobre mí en el aire por tres o cuatro meses más. Fue como cuando te compras un par de zapatos que adoras, que son bellos, pero te aprietan demasiado. Tienes que ponértelos y caminar en ellos una y otra vez hasta que los domas y se amoldan a tus pies. Así es como me sentí.

¿Cómo te sientes sobre comprometer tus valores?

No creo que tengo que comprometer nada. Pero es un tema importante, porque la vida se trata de compromisos. No lo tienes todo, no puedes tenerlo todo, no hay manera en el mundo. Mi lado más racional me dice que no hay manera que logre tener todo lo que quiero. Así es que en algún punto del camino tengo que hacer compromisos. Pero la niña en mí dice: «¡No te lo doy porque es mío!» ¿Entiendes lo que digo?

¿Te dejas llevar por muchas tradiciones culturales?

Sí y no. Me parece que escojo lo que me funciona.

¿Qué opinas de la definición de respeto dentro tu cultura? ¿Crees que las jóvenes deben respetar a sus mayores aunque ellos no las respeten?

Hmmm, ese es un tema tremendo. Si tú respetas a tus mayores y ellos son irrespetuosos hacia ti, eso puede crear una baja autoestima y todas las cosas peligrosas que le acompañan. Esa es una pregunta interesantísima. Una joven de dieciséis ó deicisiete años que es segura de sí misma definitivamente le responderá a una persona mayor que le falte el respeto. Pero si a una niña de cinco o seis años le dicen que es estúpida, o le subestiman sus habilidades o potencial, el problema es que cuando llegue a los dieciséis ó diecisiete, ella seguirá aguantándole ese tipo de cosa a cualquiera. El problema es la falta de educación. Muchas de esas personas mayores tienen poca educación y vienen de países donde ser servil es la única manera de sobrevivir. Muchas se casaron cuando tenían trece ó catorce años con el primer hombre que las quisiera, para tener comida y un techo sobre sus cabezas. Esa era la única manera en que los padres podían asegurarle un futuro a sus hijas o nietas.

¿Por qué crees que tantas jóvenes latinas sufren de baja autoestima y depresión?

Porque hemos sido condicionadas a complacer a los demás. Nuestra cultura nos envía mensajes confusos. Se espera que seamos fieras en la cama, pero vírgenes cuando nos casamos. Se espera que seamos expertas cocineras en la casa y trabajadoras decisivas en la oficina. ¡Quieren que seamos perfectas Madres Teresa! La verdad es que hay un número limitado de cosas que podemos dominar. También tenemos a la abuela que quiere que recemos un billón de Ave Marías antes de irnos a dormir; y tenemos los novios que quieren que nos acostemos con ellos, pero si lo hacemos después no se quieren casar con nosotras. ¿Qué diablos es nuestro problema? Y nuestros padres que nos mandan a la escuela para aprender a ser independientes, pero mantienen a nuestras madres casi como esclavas domésticas. ¡Habla de dicotomías!

¿Qué dirías a las mujeres que no reciben apoyo cuando hacen algo positivo para sí mismas? ¿Cuál sería tu mensaje para ellas?

Que crean en sí mismas, porque al final tú eres quien siempre estará contigo. Claro que puedes tener gente que te aplauda, pero solamente te aplauden. Los aplausos no hacen que un equipo gane el partido. Es difícil. En ningún momento diría que es fácil. Por eso es importante saber qué queremos hacer en la vida, dónde queremos vernos en equis número de años. Lo último que quiero decirles es que todas somos valientes y necesitamos usar nuestra valentía para vivir la vida que queremos y superar los malos tiempos. Nunca entenderemos esa valentía hasta que la evoquemos y la utilicemos.

Judy Davidds-Wright

Consultora certificada de etiqueta corporativa y protocolo internacional, y presidenta de Distinguished Professionals, una compañía que ofrece adiestramiento a grupos e individuos sobre etiqueta en el mundo social y de negocios.

Judy Davidds-Wright se ha ganado una reputación como poderosa pionera y dedicada líder durante su carrera de dieciséis años trabajando en el sector público y privado. Ha trabajado muy de cerca con clientes de todo tipo, desde jóvenes profesionales hasta altos ejecutivos. Ha creado sólidas relaciones con algunas de las más grandes y exitosas organizaciones latinas, miembros de la prensa, políticos y dirigentes empresariales y de la comunidad. Davidds-Wright ha expandido los límites de la educación en etiqueta de negocios y social, combinando su experiencia comercial y pública con su conocimiento y comprensión de la gente. Aquí comparte sus observaciones sobre el papel que juega el comportamiento apropiado en el trabajo.

Cómo ganarse el respeto en el mundo de los negocios con clase

Ya seas ejecutiva, manager, vendedora, asistente administrativa, representante de servicio al cliente, recién graduada de la universidad, o estás retornando a la fuerza laboral después de haber criado a tus hijos, puedes obtener un sentido de empoderamiento y más éxito en el campo de los negocios cuando sabes usar la etiqueta a tu favor. Cómo vestirte y arreglarte son detalles obvios, pero hay otras cosas que a veces se ignoran, pero que juegan un papel importante. Tu lenguaje corporal proyecta profesionalismo y seguridad y tu conducta profesional atrae respeto. La clave es que el sexo no juega un papel importante dentro de la etiqueta en el mundo de los negocios. Claro que puedes y debes aguantar la puerta, ponerte de pie cuando saludas a alguien y pagar la cuenta cuando invitas a comer, sin tomar en cuenta si la otra persona es hombre o mujer. A nivel subconsciente, esto comunica que eres una igual y que mereces igual respeto.

No, señoras, no estoy diciendo que hay que tirar los tacones altos que; después de todo, te abrieron las puertas a los eventos más excitantes de la ciudad. Ni que debes dejar de vestirte sexy para tu hombre. Hay un lugar y un momento para cada cosa, pero tu trabajo no es el lugar apropiado para estas prendas de vestir. Lo que quiero decir es que debes dejar de dar la mano como una damisela, abanicar las pestañas, menear la cabellera y esperar que te traten diferente porque eres una mujer. Si haces estas cosas ante un hombre, él pensará que eres fácil y no te tomará en serio ni a ti ni a tu trabajo. Si lo haces ante una mujer, ella pensará que eres superficial y no te tomará en serio ni a ti ni a tu trabajo. Si quieres cambiar la manera en que otros reaccionan a ti, tienes que cambiar tu conducta. Analiza tu comportamiento y actitudes con honestidad. Todas hemos sido acondicionadas a actuar de acuerdo a nuestras influencias culturales. Pero esa conducta no siempre será efectiva en el mundo de los negocios. Adopta el protocolo de tu compañía, pero sin comprometer tu integridad.

Acabada de salir de la universidad, trabajé para una firma conservadora de las listas de Fortune 100, donde las medias y zapatos cerrados de tacón mediano eran obligatorios. Si yo creía que ese atuendo era apropiado o no, era irrelevante. Yo acepté el trabajo conociendo las reglas, y me correspondía respetar el protocolo de la compañía. Me encantaba mi trabajo y mi jefe, pero eso cambió cuando una manager entró al departamento. Enseguida me di cuenta de que yo no era una de sus personas favoritas. Se me olvidó mencionar que la manager era buena amiga del presidente. Yo sentía que ella me saboteaba. En varias ocasiones me acusó de ignorar sus instrucciones y continuar el proyecto a mi manera. Después me obligaba a empezarlo de nuevo y contaba a los demás que los contratiempos con el proyecto eran mi culpa. Como yo era joven y sin experiencia, y necesitaba el trabajo —además de que me habían enseñado a respetar a las personas mayores y a esos en posiciones más altas— decidí quedarme callada. Hubiera sido fácil ponerme a hablar mal de la manager, pero no lo hice. Mis colegas no tenían poder para cambiar la situación y además, yo no tenía prueba del sabotaje de mi nueva jefa. Pronto empecé a sentir miedo de ir al trabajo y a sentirme exhausta emocionalmente.

Finalmente, un día la supervisora cometió un error y sus manipulaciones quedaron al descubierto. Pude confirmar con un proveedor un pedido original que más tarde ella cambió y me culpó por no darle seguimiento. La abordé con cautela, escogiendo cuidadosamente mis palabras, pero aun frente a la evidencia, ella lo negó todo. En ese momento yo bien pudiera haber explotado o contárselo todo al presidente de la compañía. Escogí lo último. Entré a su oficina, cerré la puerta y le comuniqué todo lo que había estado pasando, esperando así alguna solución. A pesar de que noté comprensión en sus ojos mientras le explicaba la situación, él no ofreció ninguna solución debido a su relación personal con la manager. Le agradecí su atención y le dije que comprendía su situación, pero que, en mi opinión, era el momento de renunciar.

Siempre llega un momento cuando debes hablar, sin agresividad ni emocionalismo o lloriqueo, pero clara y firmemente. Para que otros cambien la percepción que tienen de ti y como te tratan, primero tienes que aprender a respetarte a ti misma. La alternativa es condenarte a ti misma a un ambiente de trabajo que no es sano.

Carrie López

Directora ejecutiva de Coro Southern California.

Antes de trabajar con Coro, un organización de desarrollo de liderazgo en el sur de California, Carrie López fue directora de relaciones de la comunidad con una compañía privada en San Diego. También tiene amplia experiencia con el gobierno, ya que trabajó para la ciudad de San Diego en la oficina del senador estatal de California, Nicholas Petri, y en la oficina del senador Alan Cranston. Como miembro de la Misión Indígena de San Luis Rey, López es consejera especial del Concilio Tribal sobre asuntos del gobierno federal. Como parte de su dedicación al servicio público, López es cofundadora y directora de la junta de HOPE Leadership Institute, una red de latinas que busca influenciar el proceso político en California. También es miembro del comité asesor de varias organizaciones, entre ellas el Los Angeles Department of Neighborhood Empowerment. López tiene un bachillerato en relaciones internacionales y política mundial de la University of California, Davis, y una maestría en administración pública de la Kennedy School of Government en Harvard University. López participó en el California Senate Fellows Program y el Leadership America Program.

En el siguiente ensayo, López subraya el papel que la visión abnegada juega en alcanzar el tipo de éxito que es significativo e imperecedero.

No se trata de ti

¿Cómo debes invertir tu talento, pasión y energía en alcanzar un logro al mismo tiempo que aseguras que el éxito continuará más allá de ti? La respuesta es: creando un legado y no una dinastía.

¿Cuál es la diferencia? Una dinastía es personal. Un legado es para otros. Si creas algo maravilloso, pero que depende principalmente de ti y tu identidad está amarrada a su éxito, estás creando una dinastía. Una dinastía se centra casi por completo en tus esfuerzos para tu éxito. Ésta continuará creciendo y floreciendo mientras tú la controles. Pero las dinastías van y vienen. Los legados sobreviven más allá de tu esfuerzo individual.

¿Cómo sabes si estás creando un legado? Todo comienza con tu intención inicial, la relación de tus ambiciones con el proyecto, y tus acciones para conectar tu visión a la visión de otros. La creación de un legado no es un proyecto de corto tiempo; tiene un propósito más profundo. Un legado surge de una gran idea que inspiran, moldean y cultivan individuos comprometidos con un objetivo común.

Antes de que empecemos a cantar Cumbayá, déjenme aclarar un par de cosas. Crear un legado requiere ambición, un ego saludable y liderato. Un legado exige que contribuyas tu tiempo y tu talento a algo que es más grande que tú. Esencialmente, un legado te incluye, pero no es tuyo.

Repitan juntas: «Cuando me comprometo a crear un legado, debo aceptar que a fin de cuentas no es para mí. Yo puedo ser la inspiración, puedo ser la motivación, puedo aportar el talento, la energía, la persistencia, el tiempo y la personalidad. Pero de comienzo a fin, el principio que me guía debe resultar en algo más que una plataforma para mi gloria o un portal para mi identidad».

Los legados son proposiciones exigentes y no se supone que sean fáciles de crear. Cuando inviertes tu tiempo y emociones en algo, empiezas a sentir que es parte de ti. Es un instinto. Pero también es una combinación del sentido de responsabilidad, el deseo de tener éxito y una pizca de control. No me malinterpreten: tu inversión debe merecer el tiempo que le dediques, pero tu interés personal no debe ser el único principio que guíe un legado potencial.

Siempre hay un momento cuando tienes que decidir

poner en acción un legado potencial o una dinastía. A mí me llegó ese momento cuando estaba trabajando en un proyecto de liderato para la organización HOPE.

HOPE es una de las pocas organizaciones dedicadas al avance de las latinas en California. Este grupo no es más especial, ni calificado, ni importante que otros, pero tenía una buena idea y una carta de triunfo. La idea era establecer un programa de liderato para las latinas que quisieran saber más sobre política. La teoría era que el poder económico, cívico y político estaban conectados uno con el otro. La carta de triunfo era la presidenta de la junta, que tenía una relación importante con organizaciones y empresas que estaban dispuestas a invertir en las latinas para tal propósito. Además tenían otro recurso: yo. Yo convertiría una gran idea en un logro poderoso.

Me había caído en las manos una oportunidad maravillosa de combinar mi amor por la política con mi capacidad de entrenadora, y mi deseo de impactar a mi comunidad a través del desarrollo de líderes latinas. Pensé que ésta era mi oportunidad de ser parte de un legado mayor. A pesar de estar consciente de que yo sería una parte vital del mismo, también sabía que necesitaba ser realista. ¿Hacia quién iba dirigido el programa? ¿Qué lo haría exitoso desde el principio? ¿Qué lo haría un éxito en cinco o diez años? ¿Cómo se definiría el éxito? ¿Cómo podía asegurarme de que continuaría siendo exitoso sin yo estar en control?

El peligro del proyecto estribaba en que era también un pedestal perfecto para alguien como yo. Podría diseñar el programa para promover mi punto de vista político y las mujeres que decidieran postularse para cargos políticos se sentirían endeudadas conmigo por su éxito. Podría llegar a ser un modelo de la perfecta latina que otras debían tratar de emular. Podría separar el proyecto de HOPE. Pero una vez visualicé lo que debía ser el éxito de este proyecto, el plan quedó claro: crear una red de latinas a lo largo y ancho del estado que se sintiera empoderada a mejorar su comunidad a través de su esfuerzo individual y colectivo. Una dinastía no lograría este objetivo; sería un verdadero desastre si el proyecto se enfocaba en mí. Tenía que incluir otros talentos además del mío, otras mujeres tenían que sentirse responsables por el proyecto, y yo no debía ser la única en facilitar todas las conexiones y promociones de las participantes.

Algo que ayudó a mantenerme sobre el camino trazado fue mi costumbre de continuamente ponerme en el lugar del otro. Las participantes y ex alumnas tenían que confiar en la sinceridad del proyecto. Ellas invertirían un tiempo valioso a lo largo del año por una causa más grande que ellas mismas, y necesitaban convencerse de que yo haría un compromiso equivalente. También los patrocinadores del proyecto tenían que confiar en la integridad de nuestros esfuerzos. Ellos necesitaban la garantía de que estaban haciendo una inversión en mujeres dedicadas a sus comunidades y no a sus agendas particulares. Y lo más importante de todo: éste era un proyecto público. No se trataba de mi empresa particular de la cual yo estaba a cargo y hacía todas las decisiones, ganaba todo el dinero y pagaba todos los impuestos. No, este proyecto se le ofrecía al público de parte de una corporación pública sin fines de lucro para beneficio público. Traducción: las mujeres de HOPE debían ser las dueñas de este proyecto en todos sus aspectos. Ellas tenían que entenderlo, moldear su futuro, invertir en relaciones con las participantes y graduadas, sentirse responsable y disfrutar de su éxito.

Dije anteriormente que existe un momento particular para poner en acción un legado. Eso es verdad. Pero el refuerzo de esa decisión y el compromiso de llevarla a cabo toma mucho tiempo. Mi compromiso conmigo misma fue invertir en algo grandioso sin sacrificar lo que fuera grandioso en mí. En otras palabras, no podía dar mi todo por ese esfuerzo porque mi todo era más grande que eso. El proyecto no debía definirme. No permitiría que se me impusieran límites. Y mientras más enfoco mis energías en asegurar el legado, mejor lo veo tomar forma. No me cabe duda de que juego un papel crucial, no me cabe duda de que mi espíritu está arraigado en los objetivos de las mujeres, y no me cabe duda de que cuando termine el programa, todas miraremos atrás y diremos: «Fui parte de algo importante; lo logramos entre todas, y el mundo es un poquito mejor porque lo hicimos».

Charisse Browner

Presidenta y directora ejecutiva de Knowledge Is Power, fundación sin fines de lucro de la estación radial Power 106 FM y animadora del programa semanal del mismo nombre.

Browner nació en un área pobre de San Diego, y después de superar los daños causados por años de abuso sexual durante su niñez y un matrimonio abusivo, se convirtió en un dínamo de cambio. Comenzó su carrera en Power 106 FM hace una década y desde entonces se ha convertido en los ojos y oídos de la estación en la comunidad. «Todo el mundo debiera tener una voz, una plataforma desde donde ser escuchado o recibir respuestas a sus preguntas. Ayudar a la gente es natural para mí. Contribuir a educar a nuestros radioescuchas es mi razón de ser». La misión principal de la fundación Knowledge Is Power es desarrollar destrezas y empoderamiento a través de programas educacionales y de aprendizaje en el trabajo para los jóvenes de riesgo en East y South Central Los Ángeles. Desde su creación, la fundación a recolectado $2.7 millones para proyectos escolares y comunitarios.

En una reciente conversación con Yasmin Davidds, Browner, que vive en Los Ángeles con sus dos hijos adolescentes, comparte las tragedias que sufrió en varias etapas de su vida y cómo finalmente recuperó su poder.

Dime, ¿cómo veías tu mundo cuando eras niña?

Mi mundo me parecía blanco y negro. Crecí en Logan Heights, un barrio pobre de San Diego. Todos los afroamericanos vivían en las áreas pobres y los blancos en otra parte. El tema de la raza nunca se discutía en casa. Todo lo que sabía era que no había blancos en mi barrio. Ellos vivían en un mundo aparte.

¿Cómo veías tu lugar en el mundo?

Tuve dos clases de juventud. Una fue divertida... había muchos niños en toda mi familia, así que siempre estábamos afuera, jugando juntos, trepando cercas, haciendo pasteles de barro, y pasándola padrísimo. Mi otra juventud fue algo que ningún niño debía tener que soportar... el abuso sexual. Esa vida era oscura y vacía y me hizo autodestructiva.

¿A qué edad te empezaron a molestar sexualmente?

Creo que probablemente fue cuando era bebé. Mi madre tenía tres trabajos, así que nos dejaba a mis hermanos y a mí con sus padres, mis abuelos. Mi abuelo era mi rey. Sentía que me quería mucho y yo lo adoraba. Pero él era quien me molestaba sexualmente. El primer recuerdo que tengo de mi abuelo molestándome es de cuando yo tenía cuatro años de edad.

¿Y tu abuela no sabía lo que estaba pasando?

Estoy segura de que lo sabía porque a veces yo dormía entremedio de los dos en su cama y mi abuelo me molestaba sexualmente. La gente piensa que no es posible que tal abuso ocurra con una tercera persona en la misma cama, pero sí es posible porque a mí me pasó. Pero abuela consideraba a mi abuelo como el jefe de la familia y le tenía miedo. Ella dependía de él económicamente y creía que no sobreviviría sin él, así es que ella hacía como si nada estaba pasando.

¿Cómo bregaste con el abuso cuando eras pequeña?

Forjé otra identidad aparte; había dos yo. Una era dulce y agradable, la que mostraba a mi abuelo porque lo quería tanto. La otra era malvada y cruel, a tal punto que si alguien me decía algo que no me gustaba, los escupía. No me gustaba ser una niña mala, pero me imagino que así es como manifestaba mi ira.

¿Le contaste a alguien lo que te estaba pasando?

El abuso se acabó cuando yo tenía doce años de edad. Para entonces me negué a ir a casa de mi abuelo. No se lo conté a nadie hasta el día que cumplí los veintiún y se lo dije a mi madre. Las primeras palabras que salieron de sus labios fueron «Creía que yo era la única». Resulta que mi abuelo había molestado sexualmente a mi madre, a sus hermanas y a sus primas. Como nadie hablaba de eso, cada una pensaba que sólo le había ocurrido a ella.

Si tu mamá fue abusada sexualmente por su padre, ¿por qué te dejó a su cuidado?

Ese es el gran problema que tuve con mi madre hasta el día que murió. Yo le preguntaba por qué me había dejado con él sabiendo que era un abusador y todo lo que decía era: «No sé». Esa respuesta no me servía de nada. Tomaron veinte años para que yo la perdonara finalmente, en su lecho de muerte.

¿Qué te hizo perdonarla? ¿Cómo llegaste a aceptar la situación?

El 16 de junio del 2004, mi madre estaba en el hospital, muriendo de cáncer en la sangre. Tenía mucho dolor y sufrimiento constante. Yo estaba en el pasillo del hospital leyendo un periódico cuando de pronto de entre sus páginas cayó un panfleto sobre la muerte. Comencé a leerlo, y decía: «Si el cuerpo físico deja de funcionar pero la persona se demora en morir es porque el espíritu rehúsa irse... tiene asuntos sin resolver». El cuerpo de mi madre había dejado de funcionar y estaba lista para dejar de existir, pero sentí que su espíritu necesitaba escuchar que yo la perdonaba por no haberme protegido de mi abuelo. Fui a su cama y le musité al oído: «Mami... te quiero y te perdono». Murió al día siguiente.

¿Y tu madre nunca confrontó a su padre sobre el abuso sexual?

Sí, y claro, él lo negó al principio. Luego él le dijo que eso no era nada del otro mundo, que no tenía que hacer tal aspaviento por ello. Después de eso, mi madre no era la misma de siempre, se convirtió en una persona triste. Esa experiencia afectó su relación con los hombres; no confiaba en ellos y me inculcó que todos los hombres son unos mentirosos despreciables.

¿Cómo te impactó todo eso?

Entre la edad de 14 y 26 años, no confiaba en nadie, sospechaba de todo el mundo y creía que los hombres querían solamente una cosa. Pensaba que mi valor estaba entre mis piernas. Durante esos años yo lucía muy bien, era modelo y recibía muchos elogios sobre mi belleza. Yo respondía negativamente a esos comentarios y la gente pensaba que yo era vanidosa. En realidad me sentía fea por dentro.

¿Cuándo empezaron a cambiar las cosas?

Me casé con un famoso jugador de fútbol americano profesional que era un abusador, me engañaba y me decía que yo no valía nada. Cuando le dije que mi abuelo había abusado de mí sexualmente, me respondió: «Ah, así que tu abuelo toqueteó esas nalgas antes que yo». Allí fue que mi matrimonio se fue al diablo. Me di cuenta de que yo necesitaba ocuparme de mí misma porque nadie más lo haría.

¿Hubo momentos en tu vida en que sentiste que habías entregado tu poder?

Absolutamente. Desde mis años de adolescencia hasta mis veinte, yo era una alfombra para limpiarse los pies, una marioneta. Verdaderamente sentía que no tenía poder. Todo eso es resultado del abuso sexual que sufrí. Aunque sabía que era inteligente, me parecía que no importaba porque, como te dije, sentía que mi único valor estaba entre mis piernas. Le entregué mi poder a mi esposo. A lo largo de nuestro matrimonio, me sentía impotente; a veces él me decía cuándo podía hablar o no. Mientras más tiempo estuve en ese matrimonio, más impotente me sentí.

¿Cómo comenzaste a recuperar tu poder?

Una noche ya no aguantaba más. Rogué a Dios que por favor me indicara qué debía hacer para salir de esta vida tan horrible. Cuando me desperté al día siguiente, me fui directo a la peluquería y me corté mi bella cabellera larga. No sé qué fue, pero esa mañana me levanté con una sensación de fuerza y poder que nunca antes había sentido. Cortarme el cabello significaba liberación para mí porque mi abuelo nunca me dejó recortarme el cabello. A él le encantaba mi melena y me decía que mi pelo era de él. Se enojaba si me veía con el pelo suelto hablando con los muchachos, porque según él, mi pelo era solamente para sus ojos. Verdaderamente creo que fue Dios quien me dio la fuerza para liberarme. Agarré a mis dos hijos y dejé a mi marido. Y aunque tuve que vivir del beneficio social por un tiempo, me sentí feliz porque era libre.

¿Recuperar tu poder te ayudó a sanar tus heridas?

¡Claro que sí! He recorrido un largo camino y me encanta donde me encuentro ahora. Pasé mucho tiempo sola, cuidándome a mí misma. Me di cuenta de que necesitaba cambiar, y lo hice. Soy muy fuerte ahora.

¿Las experiencias de tu vida tienen algo que ve con la carrera que escogiste?

Sí, siempre sentí compasión por la gente y le quise ayudar. Siempre me ofrecía de voluntaria para ayudar a otros. Llegar a ser la presidenta de la fundación Knowledge Is Power llenó un gran vacío dentro de mí. En mi programa radial cubro muchos temas tabú y educo a la comunidad para que otras no tengan que pasar por lo que yo pasé.

8
SIGUE TU CAMINO HACIA EL ÉXITO:
EJERCICIOS PARA ALCANZAR TU META DESDE DONDEQUIERA QUE ESTÉS

«Me parece que ya no estamos en Kansas…».
—Dorothy en *El Mago de Oz*

Hasta aquí has recibido una gran cantidad de información, alguna de la cual quizás pudiera ser nueva para ti. Los cambios nunca son fáciles, pero nada que valga la pena debería ser fácil. Este libro es para leerlo una y otra vez, cada vez que necesites inspiración, guía y confirmación de que la decisión de implementar cambios en tu vida es algo positivo. He incluido este capítulo de ejercicios para encaminarte, con la esperanza de que el trabajo que hagas aquí sirva como plataforma de despegue hacia una vida llena de logros personales.

Por favor, tómate el tiempo necesario para hacer los siguientes ejercicios a tu propio ritmo. Si algunos ejercicios despiertan tu imaginación y te dan qué pensar, tienes la libertad de adaptarlos a tus necesidades. Claro que no todos los ejercicios se ajustan a tus circunstancias personales, pero como la meta final es que llegues a controlar tu destino, debes utilizar estas herramientas al máximo. Puedes repasar estos ejercicios cada vez que quieras y con la frecuencia que quieras. Eres un ser en evolución, y en tu camino hacia el empoderamiento, te darás cuenta de que tus ideas sobre muchas cosas cambiarán. Da tu primer paso y abraza ese cambio, lo cual significa que estás creciendo.

Paso 1: Escribe la historia de tu vida

En el Capítulo 1, te conté algo sobre mi vida, desde mi infancia hasta algunos años muy difíciles por los que pasé. Describí cómo algunas de las más devastadoras pruebas que pasé afectaron mi transformación de niña a mujer. La primera vez que me pidieron que escribiera la historia de mi vida no tenía idea de dónde o cómo empezar. ¿Qué incluiría? ¿Qué era lo suficientemente significante que merecía ser escrito? ¿Por qué era éste un importante ejercicio terapéutico? Lo que aprendí durante el proceso fue que sí tenía una historia de sobrevivencia que contarle al mundo, pero también tenía ideas completamente nuevas sobre quién soy y de cómo llegué a ser la mujer que ahora soy. Aprendí que mirando atrás a mi pasado con nuevos ojos podía descubrir una nueva faceta de mi propio yo.

Imagínate la vida como si fuera un tapiz. Analizando a las personas, eventos y acontecimientos que te han influenciado de maneras positivas y negativas, puedes escoger patrones que profundamente influenciarán el proceso del descubrimiento de tu propio yo. Según recuerdes a las personas y a los acontecimientos de tu pasado comenzarás a «poseer» tu propia y única historia. Al aceptar tus propios errores, así como también los ajenos, y a perdonarlos, te liberas de una carga que probablemente te mantiene alejada de ser completamente empoderada. A la vez que seas dueña de tus errores y de tus éxitos, tu percepción y confianza en ti misma se multiplicará y encontrarás la libertad de amar a la persona que en realidad eres. Cuando verdaderamente te conoces a ti misma entonces puedes entender y abrazar tu fuerza interior.

Narrar la historia de tu vida no debe ser como una tarea o una carga que preferirías posponer. La historia no tiene que ir en orden cronológico y ni siquiera tiene que estar gramáticamente correcta. No se trata de un trabajo de literatura, lo estás escribiendo para ti misma. Cuidado con tratar de «endulzar» los eventos o comportamientos. Para aprender algo debes ser completamente honesta; recuerda que no tienes que compartir tu trabajo con nadie. Puede tomarte días, quizás semanas, recordar todas las experiencias significativas de tu vida, ya que se trata de un proceso continuo, y trata de abordarlo como algo placentero. Los pasos siguientes son para ser tomados sobre un largo periodo de tiempo, pero es importante no dejar que el proceso se haga interminable. En este momento lo más importante es simplemente empezar.

1. Encuentra un lugar tranquilo y cómodo donde puedas concentrarte al menos una hora seguida. El método que uses, ya sea escritura manual, en la computadora o simplemente dictándola en una grabadora, no es tan importante como tu nivel de comodidad. Aleja de tu mente cualquier pensamiento que no tenga que ver con el tema. Si tienes

hambre o estás esperando una llamada importante no podrás concentrarte en el ejercicio.

2. Comienza por recordar una experiencia excepcional de tu pasado. Puede ser algo que pasó durante tu niñez o algo que pasó más recientemente. Lo más importante es que sea un evento que te haya impactado de forma significativa. Por supuesto que debe haber muchos eventos y personas que impactaron tu vida, pero para empezar escoge sólo uno. Cierra tus ojos, regresa al pasado y trata de vivir nuevamente las circunstancias que te llevaron a esa experiencia. Por ahora simplemente describe en unas cuantas oraciones qué pasó, con quién estabas, cómo te sentías física y emocionalmente, y qué efecto final tuvo esta experiencia sobre ti.

3. Ahora, considera el evento en retrospectiva. Mira hacia atrás a la situación y escribe por qué fue significativo para ti. ¿Cuál es la importancia de esta experiencia que merece escribirse? ¿Cómo afecta esta experiencia tu vida actualmente?

4. Ahora estás lista para catalogar otro evento importante de tu vida. A veces los eventos que te hacen sentir incómoda son los que contienen las revelaciones más importantes. Hay veces en que los eventos que más nos incomodan son los que nos hacen dar cuenta de las cosas más importantes. En vez de ignorarlos o rechazarlos, confía en el proceso y deja que tus sentimientos se manifiesten. Cuando escribes puedes estar segura de que tus pensamientos son privados, pero valiosos. Puede ser que hayas derrochado mucho tiempo y energía pensando en estas cosas, pero no has hecho nada al respecto, o quizás las has reprimido. Este ejercicio te da la oportunidad de soltar toda la ansiedad y negatividad que esos eventos te han causado.

5. Saca todo de adentro. Abre las compuertas, deja correr los pensamientos reprimidos y libera tu mente de toda la frustración que llevas embotellada dentro. El acto de escribir o hablar sin restricciones es un gran paso hacia aceptar la verdad de lo que te ha influenciado. Con la aceptación viene el deseo de mejorar para así poder reclamar posesión de tu pasado, presente y futuro. Escribe tanto como te sea confortable.

6. Relájate y toma unos minutos para revisar lo que has escrito. Añade algún detalle o significado que te venga a la mente, trata de vivir esas experiencias otra vez y toma la decisión de entender por qué esas experiencias resaltan en tu memoria. ¿Qué está tratando de decirte tu intuición?

7. Toma un descanso y felicítate. Has empezado a dar reconocimiento a tu propia historia. Ahora es importante prestar particular atención a los sueños, coincidencias y presentimientos.

8. Cuando estés lista, continúa escribiendo y añade a tu narrativa nuevas perspectivas o ideas que se te ocurran en el proceso. Todo es pertinente a estas alturas. Escribe todos tus pensamientos, saboréalos y trata de entender el mensaje.

9. Después de varios días, durante un momento de tranquilidad, revisa todo lo que has escrito. Presta atención en particular a las similitudes y las conexiones, pero también a los contrastes.

En los días, semanas, meses y años por venir, echa tu historia a un lado por un tiempo y de vez en cuando revísala otra vez. Recordarás nuevas vivencias y detalles de experiencias, y al escribirlos entenderás más fácilmente el impacto que tienen en tu vida. En este proceso evolutivo de aprender más sobre ti misma, descubrirás la naturaleza profunda de tu ser, tu propósito, tu conexión, y serás dueña de la historia de tu vida.

Paso 2: Determina quién tiene el control

En el Capítulo 2 discutimos la variedad de maneras en que entregamos nuestro poder. La familia, la iglesia, la comunidad y la escuela pueden influenciarnos de modos de los que ni siquiera estamos conscientes hasta que nos vemos forzadas a reconocerlo. Mientras tanto, seguimos viviendo bajo el control de algo, o alguien, porque nos vemos a través de fuerzas externas. Los siguientes ejercicios pueden ayudarte a determinar si realmente llevas o no las riendas de tu vida. Piensa bien, y contesta cada pregunta con honestidad.

- ¿Siempre obedeces las reglas?
- ¿A veces cuestionas el sentido de las reglas?
- ¿Es para ti importante que te perciban como obediente?
- ¿Te sientes culpable cuando desobedeces las reglas?
- ¿Encuentras que cuando surgen problemas, inmediatamente haces algo que te haga sentir mejor?
- ¿Eres incapaz de comunicar directamente tus sentimientos de frustración o de cólera?
- ¿Necesitas estar en una relación romántica para sentirte segura?
- ¿Te cuesta trabajo estar sola y disfrutar de tu propia compañía?
- ¿Te da miedo ser responsable de tus propias finanzas y emociones?

- ¿Sientes que no estás viviendo tu vida a plenitud?
- ¿A veces haces cosas que no quieres hacer para evitar ser rechazada?
- ¿Te importa lo que la gente piense de ti?
- ¿Tienes dificultad en decir que no?
- ¿Es importante para ti no defraudar a los demás?
- ¿Te sientes culpable cuando defraudas a alguien?
- ¿Eres fácil de convencer?
- ¿Tienes dificultad en expresarte en una situación profesional?
- ¿Es difícil para ti expresar un punto de vista diferente?
- ¿Evitas ser percibida como alguien que va contra la corriente?
- ¿Piensas que cuestionar o manifestarse es ser una persona problemática?

Si contestaste que sí a algunas de estas preguntas, probablemente estás permitiendo que factores ajenos controlen tu vida (por ejemplo, permitiendo que personas, lugares o cosas decidan el camino que debes seguir). Se dice que nadie que no es dueño de sí mismo puede ser verdaderamente libre. Toda mujer debería hacer con su vida lo que ella decida. Si tú vives rodeada de personas que te roban tu poder y toman decisiones por ti, o si tú tomas decisiones basadas en la necesidad de amor y aceptación, nunca serás libre.

Paso 3: Determina cuán estrechos son los lazos familiares

¿En qué crees? No, no me refiero a esas creencias, a las que heredaste. Me refiero a las que llevas escondidas en lo más profundo de tu alma. Las que mantienes ocultas por miedo a la desaprobación. La siguiente lista te ayudará a hurgar en tu subconsciente y a determinar tus verdaderas creencias e identificar los sentimientos y conducta repri-midos. Marca cada una de las frases con la que te relacionas.

En mi relación con mis padres/familia, yo creo que:

___es mi deber hacer felices a mis padres.

___es mi deber hacer sentir orgullosos a mis padres.

___soy la vida de mis padres.

___si dijera la verdad a mis padres sobre (mi divorcio, mi aborto, mi homosexualidad, el ateísmo de mi novio, etc.), los mataría.

___si contesto a mis padres, se enojarán conmigo.

___si les digo a mis padres todo lo que me han herido, me eliminarían de sus vidas.

___no debo hacer o decir nada que hiera los sentimientos de mis padres.

___los sentimientos de mis padres son más importantes que los míos.

___es inútil hablar con mis padres porque nada se resolvería.

___si mis padres cambiaran, me sentiría mejor respecto a mí misma.

__si pudiera lograr que los miembros de mi familia viera cuánto me hieren, sé que cambiarían.

__no importa qué han hecho, son mis padres y tengo que respetarlos.

__mis padres no controlan mi vida. Yo peleo con ellos todo el tiempo.

Si te identificas con cuatro o más de estas frases, estás dando demasiado poder a tu familia o a tu cultura debido a tus creencias negativas. Aunque no queramos aceptarlo, todas estas creencias son contraproducentes. Nos prohíben adueñarnos de nuestro propio poder, incrementan la dependencia y nos privan de algo que es nuestro derecho desde que nacemos. Para recuperar este poder tenemos que admitir que lo hemos perdido. Cuando llegues a ser lo suficientemente honesta para reconocer que estás permitiendo que te manipulen (aunque la intención sea buena), podrás demostrarle al mundo que estás lista para tomar las riendas de tu vida.

Paso 4: Búscate: ¿estás al norte o al sur de la frontera?

Cuando te niegas a fijar fronteras, estás inevitablemente dando tu poder a otros, ya sea en el hogar o en la sociedad. El respeto es el resultado natural de que otras personas respeten tus límites personales. Este ejercicio te ayudará a reconocer áreas donde no has fijado límites, cuáles son las consecuencias y cómo puedes cambiar tú (ya que no puedes cambiar a los demás). Las frases numeradas representan lo que sucede cuando no creamos fronteras saludables. Estas preguntas te enseñarán a buscar las respuestas dentro de ti misma.

1. Somos incapaces de defendernos cuando nos faltan el respeto o abusan de nosotras física o sexualmente.

Cuando crecemos en una familia que ha establecido fronteras falsas (o inexistentes) no aprendemos qué es una conducta irrespetuosa. Nuestras emociones no nos indican que debemos sentimos ofendidas porque estamos desconectadas de esas emociones. No nos damos cuenta de que nos faltan el respeto porque nuestra percepción del respeto está distorsionada. ¿Alguien te ha maltratado o controlado de una manera que consideras irrespetuosa? ¿Por qué has permitido que ese comportamiento continúe? ¿Te quieres a ti misma lo suficiente como para defenderte?

2. Damos a otros demasiado poder sobre nuestras vidas.

¿Hay alguien que tiene más poder sobre ti del que debería tener? ¿Cómo le has dado ese poder? ¿Por qué se lo has dado? ¿Qué necesidad llenas cuando les das ese poder?

3. Crecemos sin sentido de nosotras mismas.

Sin fronteras nos diluimos en la identidad de otra persona en vez de abrazar nuestro carácter particular. Permitimos que la actitud y conducta de otros dicten cómo hablamos y nos comportamos, y nos negamos el derecho de ser nosotras mismas. Nos alejamos más y más de nuestros propios sentimientos y preferencias. ¿Qué cosas has hecho o haces para ser aceptada, o para evitar el rechazo? ¿Te das cuenta que al hacerlas cedes tu poder?

4. Nos negamos a nosotras mismas al pretender estar de acuerdo cuando en realidad no lo estamos.

Escondemos nuestros verdaderos sentimientos; participamos en algo que realmente no queremos hacer y nunca expresamos nuestras preferencias. Si tenemos una preferencia, no lo decimos ni aunque nos pregunten. Nos dejamos llevar por la corriente. ¿Has diferido de opinión últimamente con alguien pero no lo expresaste? ¿Por qué no expresaste tu opinión? ¿Qué te hubiera hecho sentir más cómoda?

5. Cuando estamos en una relación íntima, dejamos de ser quienes somos y nos convertimos en la persona que nuestra pareja quiere que seamos para que nos ame.

¿Alguna vez has sacrificado una parte de ti misma para que te acepten o te quieran? ¿Alguna vez has aceptado que un hombre se comporte de una manera que tú previamente te habías prometido a ti misma nunca aceptar?

Estos son sólo algunos ejemplos de lo que puede pasar cuando no se fijan límites personales. Ahora es tu turno. Escribe cinco consecuencias más que has sufrido por no haber definido qué es aceptable y qué no es aceptable para ti. Después de cada consecuencia participa en tu propia curación y cuestiona tus motivos así como los de la persona que te está influenciando. El respeto es tu derecho innato y si alguien te extrae esa fuerza esencial de la vida, debes buscar las respuestas dentro de ti.

Paso 5: Aprende la diferencia entre «querer» y «necesitar»

El siguiente ejercicio tiene el propósito de ayudarte a fijar límites dentro de una relación íntima.

Escribe tu lista de requisitos bajo cada categoría.

1. *Lo que necesito en mi pareja.* Escribe las cualidades indispensables que quieres en tu pareja. Ejemplo: sinceridad, comunicación (o deseo de aprender a comunicarse), confianza, inteligencia.

2. *Lo que quiero en mi pareja.* Estas son cualidades que te gustaría encontrar en tu pareja, pero que pudieras vivir sin ellas. Ejemplo: espiritualidad, una carrera profesional, gustar de la misma música.

3. *Lo que no aceptaría en mi pareja.* Ejemplo: falta de respeto, traición, violencia.

4. *Lo que estoy dispuesta a dar.* Ejemplo: honestidad, cariño, dedicación.

5. *Lo que no estoy dispuesta a abandonar.* Ejemplo: amistades, carrera, estudios.

Usualmente la lista de «las cosas que necesito» coincide con la lista de «lo que estoy dispuesta a dar». Ten cuidado con exigir cosas que tú no estás dispuesta a dar, y recuerda que tu pareja tampoco debe exigir algo que no está dispuesta a dar.

Una vez que hemos fijado nuestros límites debemos respetarlos. Advertencia: habrá personas que querrán traspasar nuestros límites para ver cuán firmes son. Mantener las nuevas posiciones es una tarea difícil, especialmente para las mujeres que se aferran a los sentimientos de vergüenza y de culpa que les han inculcado. Es sumamente importante liberarnos de este sentido de culpa. Por el miedo a estar solas muchas mujeres se quedan en relaciones dañinas. Para combatir este miedo, debemos ser sinceras con nosotras mismas y abrirnos a quienes nos brindan apoyo. Necesitamos exponernos a nuevas enseñanzas e información para eliminar las imágenes negativas que nuestra cultura nos ha inculcado en cuanto a nuestra sexualidad. Necesitamos formar una red de apoyo y darnos cuenta de que no estamos solas en la lucha contra los antiguos mensajes y el sentimiento de culpa que el proceso de cambio puede provocar.

Insto a todas las mujeres a fijar sus fronteras saludables y encontrar el valor de respetarlas. No podemos cambiar lo que otros piensan, ni controlar sus reacciones a nuestros nuevos límites personales. Esto también se refiere a cuando hablamos de sexualidad, fe, influencias culturales, o cualquier otra cosa que contribuye a nuestro proceso de empoderamiento.

Los ejercicios en este capítulo te pueden orientar y ayudar a identificar lo que te impide ser la persona completa que nació para ser. Es importante tener en mente que puedes hallar todas las respuestas dentro de ti; tú eres tu mejor fuente de información.

Paso 6: Cómo sobreponerte a tus temores

Las creencias basadas en el temor surgen de mensajes negativos que no concuerdan con la verdad, pero que sin embargo aceptamos casi sin pensar. Necesitamos identificar cuáles creencias falsas crean temores y nos hacen entregar nuestro poder para así reemplazarlas con la verdad y reconquistar nuestro poder. Un paso muy importante en este proceso es identificar y reconocer tus logros y analizar tus éxitos.

Describe cuatro logros de los que te sientes orgullosa.

1. _____
2. _____
3. _____
4. _____

Describe qué te llevó a cada uno de esos logros. Aquí tienes algunas cosas a considerar.

- ¿Te sentiste asustada o ansiosa en algún momento cuando estabas camino al éxito?
- ¿Cómo venciste ese miedo?
- ¿Cambiaron tus creencias acerca de lo que puedes manejar después de haber logrado el éxito?
- ¿Qué cualidades desarrollaste camino a estos logros?
- ¿Cómo puedes aplicar lo aprendido a tus temores?

Paso 7: Atrévete a atreverte

Este ejercicio te ayudará a determinar cuán cómoda te sientes tomando riesgos.

1. Estás en una fiesta con gente que no conoces bien. La conversación está aburrida y tú recuerdas un

chiste graciosísimo que un amigo te contó recientemente. Tú:

a. _____ por supuesto que cuentas el chiste.

b. _____ cuentas el chiste bajito a la mujer que está al
lado tuyo. Si ella cree que es cómico entonces se lo
cuentas a los demás.

c. _____ te sentirías incómoda contando el chiste en
una fiesta.

2. Estás en un picnic en un lago donde algunos jóvenes se
tiran al agua desde una roca. Alguno de tu grupo pro-
pone que todos se tiren. Tú:

a. _____ te quedas en la orilla.

b. _____ miras a los demás tirarse y al cabo de un rato
tú también lo haces.

c. _____ eres la primera en tirarte.

3. Tu jefe te llama a su oficina y te dice que quedas despe-
dida. Tú:

a. _____ le pides más detalles para entender qué
pasó.

b. _____ sientes pánico y le ruegas que te dé otra oportunidad.

c. _____ primero te quedas en shock, pero empiezas a
pensar en nuevas oportunidades en cuanto sales por la
puerta.

4. Te vas de vacaciones con tu nuevo amor, que es dulce
pero muy correcto y conservador. Como regalo de
viaje tu mejor amiga te da una bata de dormir muy
sexy. Tú:

a. _____ la escondes en el fondo de tu gaveta. Quizás te
la pondrás en tu luna de miel.

b. _____ te la pones en la primera noche del viaje.

c. _____ hojeas un catálogo de Victoria's Secret frente a
él para estudiar su reacción.

5. Los sábados por la noche es posible que estés cenando en:

a. _____ el restaurante africano que recién abrió la semana pasada.

b. _____ la casa, disfrutando de la misma carne asada de siempre.

c. _____ el pequeño café italiano que es tu favorito.

6. Estás en una reunión del trabajo cuando oyes a tu supervisor discutiendo una estrategia que tú crees equivocada. Tú:

a. _____ te quedas callada ya que crees que contradecir al jefe es suicidio profesional.

b. _____ le das un cumplido sobre su estrategia y entonces sugieres un cambio.

c. _____ te quedas callada por el momento, pero de regreso a tu escritorio estudias una estrategia diferente y se la presentas a tu jefe en privado.

7. Para ti, un viaje de aventura es:

a. _____ hospedarte en un hotel de menos de 5 estrellas.

b. _____ un safari africano con guías experimentados.

c. _____ comprar un pasaje barato de última hora a Nepal, agarrar tu mochila y dejar que el destino guíe tu camino.

8. Has pasado media hora coqueteando con un hombre simpático y muy bien parecido en una fiesta. De pronto él mira su reloj y anuncia que se va a casa. Tú:

a. _____ inventas una excusa de que necesitas saber más de su negocio (siempre has estado fascinada por la administración de bancos comerciales) y lo invitas a tomar un café para pedirle ideas.

b. _____ esperas que él se vaya y entonces te comes a tu amiga, la anfitriona, a preguntas.

c. _____ no haces nada. Si le hubieras gustado no se hubiera ido.

9. Quieres redecorar tu casa. Tú:

a. _____ copias hasta el último detalle de una decoración que viste en el catálogo de Pottery Barn.

b. _____ escoges colores fuertes y adornas tu casa con chucherías exóticas que compraste en el mercado de pulgas o tiendas de antigüedades.

c. _____ consultas varias revistas en busca de inspiración, pero añades tu propio estilo mezclando los muebles que ya tienes con nuevas piezas que has comprado.

10. Cuando das una cena:

a. _____ llenas los requisitos dietéticos de tus invitados, ya que siempre sabes quiénes son los vegetarianos, quiénes comen kosher y quién es alérgico al marisco.

b. _____ la organizas al último minuto y sirves el tipo de comida exótica que te guste en ese momento.

c. _____ nunca das cenas para tus invitados.

Cuenta tus puntos

1. a = 3, b = 2, c = 1
2. a = 1, b = 2, c = 3
3. a = 3, b = 2, c = 1
4. a = 1, b = 3, c = 2
5. a = 3, b = 1, c = 2
6. a = 1, b = 3, c = 2
7. a = 1, b = 2, c = 3
8. a = 3, b = 2, c = 1
9. a = 1, b = 2, c = 3
10. a = 2, b = 3, c = 1

Si tus puntos suman entre 1 y 10 eres: la minimalista.

Te atrae recibir una buena recompensa por tomar grandes riesgos, pero no eres muy amiga de pagar el precio cuando no salen bien las cosas. Por lo tanto, siempre buscas la manera de hacerte las cosas más fáciles, ya sea solicitando un trabajo que exija menos de ti o quedándote en la clase de danza para principiantes cuando bien pudieras estar en la intermedia. También tienes tendencia de tomar riesgos solapados; por ejemplo, puedes llamar a alguien que te interesa románticamente bajo el pretexto de algún asunto de negocios en vez de ser sincera en cuanto a tus intenciones. En otras palabras, siempre te dejas una puerta de escape. Esto te puede funcionar, ya que tú nunca hablas antes de tiempo y mucha gente piensa que eres muy amable. Pero como no declaras tus intenciones directamente, a menudo eres malentendida y eso puede ser peor que no arriesgarse por completo. Para aprender a tomar riesgos, practica sin la red de seguridad. Pídele una cita a alguien, expresa tu opinión directamente o prueba una receta nueva cuando tu suegra venga a comer: en otras palabras, cualquier cosa que te dé algo de miedo. Te darás cuenta de que cuanto más grande es el riesgo, mayor es la recompensa.

Si tu puntuación está entre 11 y 20 puntos eres: la coleccionista de información.

Tomas riesgos, pero sólo después de calcular cuidadosamente todos los pros y los contras. Algunas veces esto funciona a tu favor; seguramente evistaste malos consejos en el pasado. Sin embargo, dejas escapar grandes oportunidades por estar muy ocupada sacando cuentas. Para convertirte en una persona más audaz, practica en confiar en tu instinto en situaciones de bajo riesgo, como escoger un regalo de cumpleaños o decir un chiste. Después pasa a cosas de mayor envergadura, como comprar una casa o confrontar a tu novio sobre la boda. Obviamente que no debes dejar de hacer tu tarea completamente, pero necesitas aceptar que no siempre puedes prever los resultados. Más tarde o más temprano, tendrás que cerrar los ojos y lanzarte.

Si tu puntuación es entre 21 y 30, eres: la jugadora empedernida

Ya sea en el salón de conferencias, en el club nocturno o colgada de cuerda bungee, te alimentas de la ola de adrenalina que tomar grandes riesgos te produce. Tu capacidad de resistencia y tu optimismo te permiten sacudirte los fracasos fácilmente, y tu sentido de aventura raramente te deja dormir en los laureles. Siempre estás en movimiento continuo hacia el siguiente proyecto. A veces puedes ser demasiado impulsiva, y corres a aceptar el trabajo, o la relación, u otro reto antes de informarte bien en lo que te estás metiendo. Aunque tu osadía merece aplausos, sería conveniente ir más despacio y preguntarte qué es lo que estás arriesgando y por qué. ¿Tu búsqueda de emoción y aventura te lleva hacia un futuro más brillante o sólo te ofrece un escape provisional de lo que tú percibes como una existencia monótona?

Paso 8: Destruye a tu crítico interno

Mientras nos juzgan por la manera en que nos vestimos o por los amigos que tenemos, o por las supuestas obligaciones a nuestra sexualidad, caemos en el juego de juzgar a otros. Es crucial que rompamos la costumbre de criticar si verdaderamente queremos vivir una vida libre y satisfactoria.

Quizás te hicieron creer que la autocrítica facilita el crecimiento. ¡Eso es absolutamente falso! La verdad es que la crítica, ya sea cuando la hacemos o la recibimos, nos marchita el espíritu. Nos hace sentir feas y que nunca seremos lo suficientemente buenas. El mejor lugar donde empezar a erradicar esta actitud derrotista es en ti misma. Cuando puedas reconocer y sentirte orgullosa de la mujer que eres, nunca sentirás la necesidad de reflejar negatividad porque tu corazón estará lleno de amor para ti y para cada ser humano de la tierra.

Prepara una lista de cinco cosas que criticas de ti misma. Incluyo un ejemplo que quizás no tenga nada que ver contigo, pero úsalo como guía. Recuerda no hay malas o buenas respuestas, sólo sentimientos desnudos.

1. Estoy gorda.
2. _____
3. _____
4. _____
5. _____

Ahora analiza tu lista. ¿Cuánto tiempo hace que te estás criticando por las mismas cosas? ¿Tu crítico interno ha producido algún resultado positivo? ¡Claro que no! La crítica no funciona, lo único que logra es hacerte sentir mal. Así que deja de hacerlo. Para que un ser pueda crecer y desarrollarse necesita amor, halago y aceptación. Reemplaza las oraciones anteriores con cinco alternativas amorosas y de apoyo.

1. Soy bella por dentro y por fuera, y mi peso no me define.
2. _____
3. _____
4. _____
5. _____

Ahora vamos a invertir las reglas del juego. Aceptémoslo, todas somos culpables de juzgar a otras mujeres, aun cuando son nuestras amigas, y lo justificamos diciendo, es sólo una broma. Contrario a la opinión popular, las mujeres no sacan las uñas como gatas por naturaleza. La necesidad de criticar surge de la inseguridad y falta de respeto, tanto hacia ti misma como hacia el objeto de tu burla. Chicas, nos necesitamos las unas a las otras y cuando nos tratamos mal, estamos siendo partícipes de la represión sistemática de las mujeres en general. ¿A quién has denigrado con tus comentarios? Escribe cinco nombres (pueden ser amigas, figuras públicas o miembros de tu familia) y escribe una oración sobre algo que merece crítica. Ejemplos: «Michelle: Es muy mandona». «Cathy: Se viste como una prostituta».

1. _____
2. _____
3. _____
4. _____
5. _____

Tal como hiciste anteriormente, reemplaza cada una de las críticas con una frase positiva sobre cada una de esas personas. Siempre hay algo que puedes admirar en cada mujer. Busca cualidades (o cualidades potenciales) que celebren la esencia de esa mujer, que ayuden a definirla de una manera halagadora. Ejemplos: «Michelle: Se siente segura de sus opiniones». «Cathy: Se esforzó en el gimnasio para poder usar ese vestido que le queda muy bien».

1. _____
2. _____
3. _____

4. _____
5. _____

De ahora en adelante, cada vez que pienses en alguna de esas personas de tu lista, halágala en vez de denigrarla. Llena tu mente de pensamientos positivos y acostúmbrate a que de tus labios sólo salgan comentarios positivos. Si tú quieres dejar de ser juzgada, deja de juzgar a otros. Tan pronto abandonas la compulsión de auto criticarte, te darás cuenta de que ya no tienes deseo de criticar a otros. Cuando te sientes bien de ser tú misma, automáticamente aceptas que otros sean ellos mismos. Cuando tú dejas de juzgar a otros ellos también dejarán de sentir la necesidad de juzgarte a ti. Y así todos pueden disfrutar la libertad de ser quienes son.

Paso 9: Determina tu nivel de vergüenza sexual

¿Cómo podemos exigir posesión de nuestras vidas cuando ni siquiera podemos reconocer nuestro cuerpo y sus necesidades y deseos naturales? Tu cuerpo es tan importante como cualquier otro aspecto de ti misma y es además el más accesible. Entonces, ¿por qué a tantas personas se les hace difícil mirarse desnudas en un espejo? La mayoría de nuestras creencias acerca del sexo y de la sexualidad se remontan a nuestra niñez y a reglas atribuidas a Dios y a la religión. De niñas sabíamos que nuestros cuerpos eran perfectos y nos sentíamos libres de tocarnos y examinarnos sin avergonzarnos, hasta que nos dijeron otra cosa. Ninguna niña chiquita se mide los senos para determinar su valor como persona.

No es sorprendente que los hombres raramente sufren del mismo sentimiento de inferioridad con relación a sus cuerpos y su sexualidad. Me parece que esto es prueba suficiente de que nos han mentido y manipulado, ya que los hombres reconocen lo que nosotras ignoramos: que la sexualidad de la mujer ejerce un gran poder sobre el más fuerte de los hombres. Junto a la capacidad de tener hijos nos dieron la capacidad de sentir placer. Éste es otro de nuestros derechos innatos que debemos recuperar. El ejercicio siguiente te ayudará a eliminar la vergüenza y a celebrar tu femineidad. Contesta las siguientes preguntas con la mayor honestidad posible.

1. ¿Qué aprendiste sobre el sexo cuando eras una niña?

_____

2. ¿Qué te enseñaron tus padres sobre tu cuerpo? ¿Que era algo bello o algo vergonzoso?

_____

3. ¿Qué te decían tus maestros o tu iglesia sobre el sexo? ¿Era un pecado merecedor de castigo?

_____

4. ¿Cómo les decías a tus genitales? ¿Eran «eso allá abajo»?

_____

5. ¿Crees que tus padres tenían una vida sexual plena?

_____

6. ¿Cuán similares son tus ideas a las de tus padres?

_____

7. ¿Cuáles son las diferencias?

_____

8. ¿Piensas que el sexo equivale al amor?

_____

9. ¿Abusaron de ti sexualmente alguna vez?

_____

10. Si pudieras cambiar una cosa sobre el sexo en tu vida, ¿qué sería?

Revisa las respuestas anteriores y trata de encontrar similitudes entre cómo tus padres abordaban el tema del sexo y cómo te sientes hoy acerca de tu sexualidad y de tu cuerpo. Si hay similitudes, necesitas preguntarte si mereces formar tus propias opiniones o si vas a continuar acatando reglas abstractas que no fueron creadas con tu bienestar en mente.

Paso 10: Elimina la vergüenza y celebra tu sexualidad

Las afirmaciones son frases positivas destinadas a darnos poder. Nos ayudan a contraatacar los mensajes negativos como los que nos han llevado a creer que «el sexo es sucio». Al sustituir un mensaje negativo con uno positivo, como por ejemplo: «El sexo es bello cuando se comparte con alguien a quien amas», nuestra conciencia se transforma. Éste es un ejercicio que puedes practicar tantas veces como quieras. Yo creo que si puedes dedicar diez minutos a pasar la aspiradora o a mirar la televisión o hablar por teléfono, bien puedes dedicar tiempo a ti misma y a la búsqueda de tu poder todos los días.

Busca un lugar tranquilo donde puedas estar sola durante por lo menos diez minutos. Siéntate o recuéstate, como te sea más cómodo, y cierra los ojos. Trata de concentrarte sólo en tu respiración. Cuando te sientas en paz, trata de recordar todos los mensajes recibidos a través de los años sobre tu cuerpo y tu sexualidad. Ciertos mensajes serán los más impactantes. Piensa bien: ¿Quién te dio —o te está dando— este mensaje? ¿Qué están diciendo? ¿Cómo se comportan? Estos mensajes, ¿son verbales o no?

Cuando te sientas lista abre los ojos y escribe una sola oración describiendo el mensaje negativo. Después, por cada mensaje negativo que recuerdes, escribe un mensaje positivo que te ofrece una nueva perspectiva que puedes adoptar. Escribe tus afirmaciones en el tiempo presente. Por ejemplo: «Yo soy» y «Yo quiero». Es importante vivir en el presente. Aquí tienes algunos ejemplos que pueden despertar tu proceso de pensamiento.

- Mensaje negativo: Las mujeres que tienen deseos sexuales son descaradas.
  Afirmación: Las mujeres son seres sexuales que tiene derecho a pensamientos y sentimientos sexuales.
- Mensaje negativo: Debes tener sexo cada vez que tu marido quiera, no importa cómo te sientas.
  Afirmación: No tengo que hacer nada que no me sienta cómoda haciendo. La decisión de tener sexo es una decisión conjunta.
- Mensaje negativo: Dios no quiere que yo sea sexual.
  Afirmación: Dios creó y aprueba mi sexualidad.
- Mensaje negativo: A mi pareja no le gustará mi cuerpo.
  Afirmación: Mi pareja refleja el amor que le tengo.
- Mensaje negativo: No soy lo suficientemente buena.
  Afirmación: Me amo mí misma y a mi sexualidad.
- *Mensaje negativo:* El sexo es doloroso.
  Afirmación: Soy delicada con mi cuerpo y mi pareja lo es también.

- Mensaje negativo: Le temo al sexo.
  Afirmación: No hay peligro en explorar mi sexualidad.

Paso 11: Establece nuevas creencias

Abajo hay una muestra de un Diagrama de creencias. Este incluye diez creencias negativas que pueden causar que pierdas tu poder, junto con nuevas creencias que te ayudarán a recuperarlo. En el diagrama en blanco que le sigue, usa ejemplos negativos de la historia de tu vida que te han afectado personalmente y luego reemplázalos con creencias que te empoderan.

Viejas creencias negativas	Mis nuevas creencias positivas
Tengo miedo de ser rechazada y abandonada.	Nadie me puede rechazar a menos que yo le dé ese poder (y me rechace a mí misma). Según aprendo a amarme a mí misma, recupero mi poder.
Tengo miedo de todo.	Según encaro mis temores, abrazo al mundo y entiendo que puedo enfrentarme a todo lo que la vida me traiga. Con esta creencia, recupero mi poder.
Tengo miedo de expresar lo que necesito.	A menos que no me exprese, otros no me conocerán y no podrán responder. Según acepto mis necesidades y las comunico, la gente adecuada me aceptará. Con esta creencia, recupero mi poder.

Viejas creencias negativas	Mis nuevas creencias positivas
Temo ser firme.	Acepto y expreso mi verdad propia. Sólo cuando vivo en la verdad es que soy libre. Viviendo en la verdad, reconquisto mi poder.
Otros necesitan cambiar para que yo sea feliz.	Puedo escoger a la gente que me conviene. Cuando trato de cambiar a otros, entrego mi poder. Según escojo la gente apropiada en mi vida, recupero mi poder.
Me siento vulnerable.	Cuando reclamo mi propio yo y mi derecho a ser quien soy, recupero mi poder.
Soy débil.	Puedo crear y crearé lo que quiero en mi vida, porque confío en mí. Según confío en mí, recupero mi poder.
Me da miedo mirar mi dolor.	El dolor me enseña lo que necesito cambiar para realizarme y alcanzar mi potencial. Según miro mi dolor, recupero mi poder.
No soy lo suficientemente buena.	Mi identidad y valor son mis derechos innatos. No me culparé por ser humana. Según dejo de juzgarme, recupero mi poder.
Es doloroso no ser amada, o no darme la libertad de ser quien realmente soy.	Según me acepto, me respeto y me amo a mí misma otros también lo harán. Negarme a mí misma equivale a dolor. Aceptarme a mí misma me ayuda a recuperar mi poder.

Ahora, crea tu propio diagrama de antiguas y nuevas creencias.

Viejas creencias negativas	Mis nuevas creencias positivas

No esperes que vas a poder definir tus nuevas creencias de la noche a la mañana. En realidad, puede tomar años. Pero con cuidado y práctica, puedes hacer cambios fundamentales en tu vida inmediatamente. Pero al igual que para fortalecer tus músculos o aprender una nueva disciplina, tienes que hacer el esfuerzo. Si te das cuenta de que estás de acuerdo ciegamente con algo o con alguien, toma un momento para analizar el por qué. Primero, tienes que buscar las raíces de lo que crees, después debes desarrollar tus propios valores y opiniones. Finalmente, necesitas grabar en tu memoria tus nuevas creencias para que puedan reemplazar las viejas y dañinas que tienes.

Paso 12: Implementa tus nuevas creencias

Crea un plan estratégico de poder, detallando cómo vas a recuperar el control de tu vida. Ahora que has reemplazado viejas y dañinas creencias con nuevas y poderosas creencias, estás en la posición perfecta de determinar qué metas quieres alcanzar. Algunas metas son más fáciles de definir que otras. Algunas requieren más tiempo que otras, o dependen de que otras cosas caigan en su sitio, o tal vez no son tu prioridad. Sin embargo, ahora mismo deberías poder describir y analizar por lo menos cinco metas principales en tu vida.

¿Quieres continuar tu educación y llegar a ser médico o artista o maestra (o cualquier cosa que has soñado)? ¿Sueñas con viajar por el mundo? ¿Deseas casarte y tener hijos? Las posibilidades son infinitas y según pasas por el proceso de realización propia te darás cuenta de que tus sueños crecen y se amplían.

Escribe tres cosas que siempre has soñado, se las haya dicho a alguien o no.

1. _____
2. _____
3. _____

Es esencial tener este plan por escrito y tenerlo donde lo puedas ver todos los días. El progreso necesita determinación y todos necesitamos recordatorios. Cómo organizas tu plan estratégico de empoderamiento es tu decisión. Crea el plan que mejor te convenga. Puedes incluir los pasos específicos que darás para llegar a la meta, cuánto tiempo tomará, qué obstáculos pueden surgir y cómo sobrepasarlos, los beneficios que cosecharás al alcanzar tus metas, y cómo continuarás creciendo una vez que hayas logrado tu objetivo.

Como muchos de estos ejercicios, tu plan estratégico de poder debe ser continuo. Debes ir añadiendo objetivos según se te van ocurriendo. Y recuerda que está permitido cambiar de opinión. Si encuentras que las cosas no van exactamente como las habías planificado, llénate de valor y haz todo lo que sea necesario, pero sobre todo confía en tu fuerza interna.

Paso 13: Escribe tu propia «Declaración de Derechos»

Puedes usar los límites que te has fijado (que te pueden ayudar a vivir tu vida como tú lo decidas) como tu Declaración de Derechos. Yo redacté la mía hace años y la comparto contigo a continuación. En el espacio en blanco que le sigue, redacta la tuya: una Declaración de Derechos que te rinda honor en todos los aspectos y que no será violada bajo ninguna circunstancia.

Hay personas que constantemente tratan de imponer sus opiniones en los demás, jurando que su idea o método es correcto, y que el tuyo es incorrecto. A esa gente siempre le digo lo mismo: «Me alegro de que tu manera funciona para ti. La mía funciona para mí, y la prefiero».

Declaración de Derechos de Yasmin

Yo, Yasmin tengo el derecho inalienable de

1. ...apreciar mi fuerza, aceptar mis debilidades y nunca sentirme avergonzada de ellas.

2. ...decidir por mí misma qué es lo que quiero y lo que no quiero, lo que me gusta y lo que no me gusta, qué es lo que me interesa y lo que no me interesa, y sentirme bien con todas mis opiniones a pesar de lo que los demás puedan pensar.

3. ...ser yo misma sin tener que sacrificar mi verdadero yo para complacer a otros.

4. ...escuchar las ideas y perspectivas de otras personas y preservar mi individualidad.

5. ...impedir que otros interfieran en mi vida.

6. ...tener mis puntos de vista, valores y prioridades.

7. ...proteger mi bienestar personal de todos, incluyendo mi familia.

Tu Declaración de Derechos

Yo, _____, tengo el derecho inalienable de:

_____

_____

_____

_____

_____

_____

_____

Agradecimientos

A lo largo del camino de mi vida, he conocido gente maravillosa y almas hermosas. Quiero reconocer a los que me han amado, guiado, apoyado, inspirado, sostenido, sanado y alimentado mientras escribí este libro.

Les rindo honores con mi más profundo amor y gratitud.

Primero, a Johanna Castillo, editora de Atria Books. Gracias por tu fe en lo que hago y en quien soy.

A Judith M. Curr, vicepresidenta ejecutiva, editora de Atria Books. Tu visión ha hecho este libro posible. Gracias por creer en mí y darme la oportunidad de compartir mi mensaje a través de este libro.

A mi agente literario, Jennifer Cayea, por todo tu apoyo y dedicación a mi carrera.

A mis editoras: Dolores Prida y Patricia Hernández, cuyo talento y sabiduría han convertido mi manuscrito en un hermoso libro.

A mis hermanas de HOPE, la Mexican American Alumni Association de la University of Southern California, Raúl Vargas, Dolores y Verónica.

A mis queridos amigos y amigas: Edgar Veytia, Yvonne Lucas, Carrie López, Daniel Gutiérrez, Michelle Dulong, Ruth Livier, Nancy Landa, Sylvia Martínez and Xitlatl Herrera, por su eterno amor y apoyo.

Y a mi familia: mi madre, que se ocupó de mi hija día y noche hasta que terminé el manuscrito; mis hermanas que me nutrieron y guiaron; mi hija, Divina, que esperaba con devoción al pie de mi puerta cuando me pasaba horas escribiendo; mi sobrina Isabella, cuya sola presencia hace que mis días sean mejores; y mi cuñado, Michael, por querernos tanto a todas.

Sobre la autora

YASMIN DAVIDDS, escritora y especialista en empoderamiento de éxito internacional, dedica su vida a que las mujeres retomen su poder. Yasmin utiliza la filosofía de «persona total» para enseñar a gente de todas las edades y trasfondos sociales y culturales cómo vivir vidas satisfactorias. Muchas mujeres, particularmente las latinas, han alterado su futuro al aprender a tomar responsabilidad personal por sus vidas y encontrar la felicidad a través de la autoestima. Por tres años consecutivos (2003, 2004 y 2005), Yasmin ha sido reconocida por *Hispanic Magazine* como una de las latinas más prominentes y como una de las latinas mas influyentes en el libro *The Book of Latina Women: 150 Vidas of Passion, Strength and Success* de la aclamada autora Sylvia Mendoza. En sus charlas inspiradoras, Yasmin imparte un mensaje simple y profundo: «La gente te tratará de la manera en que tú permitas que te traten. Si quieres que otros te respeten, debes respetarte a ti misma primero. Eso significa defender tus derechos y no permitir que nadie te maltrate de ninguna forma».

Yasmin es la animadora del programa de televisión *The Latina Perspective* y del programa radial *Adelante, mujer*. Su primer libro, *Dando poder a las latinas que rompen barreras para ser libres* (el cual fue un *best-seller* internacional que se incluye en los currículos de muchas universidades a lo largo y ancho del país), junto a su más reciente sistema de auto ayuda, *¡Adelante, mujer! Los 7 Principios para la mujer latina*, y sus populares charlas, están dirigidos a ayudar a las mujeres a recuperar su poder. Yasmin piensa que las latinas en todas partes el mundo tienen talentos únicos que no han desarrollado. Su misión es enseñarles a abrazar su valor y talento para que logren mejorar la calidad de sus vidas.

Desde 1989, Yasmin ha asesorado a miles de hombres y mujeres, desde estudiantes de secundaria hasta ejecutivos de corporaciones. Yasmin es miembro de la junta de directores de Hispanas Organized for Political Equality (HOPE), organización de cuyo programa HOPE Latina Leadership Institute, se graduó. También es miembro influyente del San Diego State University Associated Council, de la SDSU Finance Board, y del SDSU Associated Executive Committee. Como miembro de la junta directiva de la Mexican American Alumni Association de la University of Southern California, Yasmin ha jugado un papel decisivo en proveer más de un millón de dólares en becas para los estudiantes. En su rol como directora de la fundación Knowledge Is Power Foundation, un proyecto de Power106, una de las principales estaciones radiales de Los Ángeles, Yasmin identifica los problemas que afectan a la comunidad latina y desarrolla programas para resolverlos.

Además de su propia experiencia como hija de inmigrantes latinos, criada en un barrio predominantemente hispano al este de Los Ángeles, Yasmin ha llevado a cabo extensas investigaciones en la cultura y el psiquis latino, con énfasis en cómo los mensajes culturales, incluidos el machismo y la autoestima, afectan a las latinas. Debido a que ha trabajado con gran cantidad de latinas sobre temas que abarcan desde el abuso de drogas y la violencia hasta el respeto propio y planificación del futuro, Yasmin ha recopilado materiales para sus originales programas de crecimiento personal durante muchos años. En los últimos tiempos, Yasmin ha dedicado gran parte de su tiempo a giras de conferencias en universidades, corporaciones y una gran variedad de organizaciones. Su próximo libro, *You Go Girl! Raising Powerful Females,* se publicará a fines de año. La autora y madre soltera reside en Los Ángeles con su hija, Divina, de seis años de edad.

Printed in the United States
By Bookmasters